U0634967

案例分析下数学教学
技能探究

吴大海◎著

吉林人民出版社

图书在版编目(CIP)数据

案例分析下数学教学技能探究 / 吴大海著 . -- 长春：
吉林人民出版社 , 2020.10

ISBN 978-7-206-17625-8

Ⅰ . ①案… Ⅱ . ①吴… Ⅲ . ①小学数学课 – 教学法
Ⅳ . ① G623.502

中国版本图书馆 CIP 数据核字 (2020) 第 202432 号

案例分析下数学教学技能探究

ANLI FENXI XIA SHUXUE JIAOXUE JINENG TANJIU

著　　者：吴大海

责任编辑：王　丹　　　　　　　　　　封面设计：陈富志

吉林人民出版社出版 发行（长春市人民大街 7548 号）　邮政编码：130022

印　　刷：定州启航印刷有限公司

开　　本：710mm × 1000mm　　　　　1/16

印　　张：11.5　　　　　　　　　　字　　数：210 千字

标准书号：ISBN 978-7-206-17625-8

版　　次：2020 年 10 月第 1 版　　　印　　次：2020 年 10 月第 1 次印刷

定　　价：48.00 元

如发现印装质量问题，影响阅读，请与印刷厂联系调换。

前　言

　　基础教育课程改革的深化对培养学生核心素养提出了新要求，也对我国中小学教师提出了更高的要求——围绕核心素养的培养，组织学习、指导学习、促进学习，并与学生共同成长。为达到这些要求，教师需具备丰富的理论知识与实践经验，并将其融入多维度的技能之中。基于此，构建出适应当下要求的数学教师教学技能训练体系，已经成为人们热衷并深入探讨的课题。

　　本书主要阐述小学数学教育教学基本理论和数学教学实践技能，基于《国家中长期教育改革和发展规划纲要（2010—2020）》，遵循《基础课程改革纲要》确定的基础教育课程改革的方针政策，结合我国义务教育数学课程标准中所提及的基本理念，以创新的方式指导教学方式、教学技能的训练。本书既可以作为数学教学技能理论方面的探讨参照，也可以作为数学教学实践应用的参考借鉴。

　　全书共详述了九种数学教学技能，首先由课前技能——教学设计技能、导入技能切入，着重于合理布局，在学生思维达到最佳状态前，搭建出适合学生充分发展的舞台；其次阐述课中技能——语言技能、提问技能、讲解技能、结束技能的运用，这些技能是课堂教学的载体，其应用的好与坏直接影响学生的学习效果与听讲状态；最后探讨课后技能——活动组织技能、听课技能以及评课技能。一堂成功的课，少不了画龙点睛的归纳概括，从而激发学生的求知欲，并能创造出无穷的回味意境，教师也会在对课堂的总结与分析中获益良多。在各个教学技能论述中，笔者在构建基本理论体系的基础上，紧密联系当前阶段数学课程的发展现状，选择典型教学案例与教学技能理论要点，更好地帮助读者掌握数学课堂教学的各项技能。

　　本书在阐述理论的同时，每章均基于案例分析，引用大量小学数学实际教学案例、教师课堂录像或教师教育专业学生技能训练录像作为论述典型。个别章节还附带了教学设计模块，充分展示了技能训练提升的全过程。此种安排的目的在于将理论同实践紧密结合，在理论的指导下通过案例分析来进行实践，从而使技能训练达到最优。

本书的一大特色是着重于对职前教师和新任教师的技能训练培养，有助于新手教师在经过系统的训练后更迅速地成为经验型教师。

　　笔者在创作过程中难免会产生纰漏，敬请广大读者提出宝贵意见，并给予批评和指正。此外，在撰写本书的过程中，笔者参阅了大量的论著与文献，为此，对于参考文献的作者表示衷心的感谢。

目录
CONTENTs

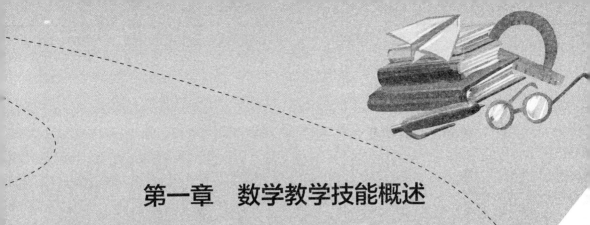

第一章　数学教学技能概述

教学技能是教学活动中的必要工具，是教师与学生交互的手段，具体是指在教育政策与教育理念的指导下，教师运用与教学有关的知识和经验来促进学生发展，完成教学任务、教学活动的教学行为系统。本章主要论述什么是教学技能、教学技能包括哪些方式、微格教学是什么、数学课堂上如何做到有效教学等。

第一节　探索教学技能内涵

一、教学技能的概念

教学是一个师生交流互动的复杂过程，在这个过程中，教师不仅需要具备一定的专业知识，而且需要具有熟练的数学教学技能。因此，掌握各种教学基本技能，并能娴熟运用这些教学技能，是一名合格教师必备的专业素养，也是教师必须掌握的教学基本功。

课堂教学技能是指教师运用专业知识，哲学、教育学、心理学的有关知识以及教学经验，执行课堂教学的教学行为；也可以理解为在课堂教学中采用与教师特定的意图有关系的意图性行动。它包括动作技能和心智技能，其中占主要方面的是复杂的心智技能。培养教师驾驭课堂教学技能，是增强教师教学实践能力的前提和基础。教学技能不会在学习教学理论过程中自发习得，它必须在学习现代教学理论的基础上，通过反复训练才能形成。

每一项课堂教学技能都有明确的含义和功能，是能够表现和被观察到的，是能够被广大教师所驾驭的，是能够适应各科教学规律的，是能够促使教师与学生和谐互动的，也是能够进行定性与定量相结合进行评价的。

二、教学技能的特征

教学过程是一项复杂的活动，教师在课堂上的教学行为是多种多样的，并表现出一定的灵活性，所需要的教学技能也是复杂而多种多样的。教学技能首先具备一般职业技能的一些共同特征，如技能的专业性，技能的稳定性和连续性，以及训练形式上的实践性等。同时，教学技能还具有一些特殊的专业特征。分析各种教学技能，我们将其特点归纳为以下几个方面。

（一）教学技能的目标明确

教学是一种目标明确、计划性强的活动。为了达到教学目标的要求，教学中教师的每一种教学行为都要有具体的目标指向。教学技能是教师的教学行为方式，它的应用是为实现教学目标服务的。不同的教学技能是与不同的目标相联系的，不同的教学目标要求有与之相适应的教学技能，才能完成教学任务，达成教学目标。

（二）教学技能具有一定的知识和经验基础

数学课堂教学技能是以教师已有数学学科知识、教学理论知识和数学教学经验为基础的。教师教学技能水平与教师所掌握的知识和拥有的教学经验有很大的关系。一名合格的教师，必须掌握必要的数学学科知识，清楚数学学科知识的基本结构、组成以及数学知识之间的关联，才有可能恰当灵活地应用各种技能，有效地建构课堂。同时，教师教学技能的选择和应用，还会受到教师本人及他人在数学课堂中教学技能的选择、实际实施效果和经验的影响。因此，教学技能既与教师所拥有的数学学科、教育科学等广博的知识有关，也与其所经历的实践经验有关。

（三）教学技能是后天习得的

教学技能是后天习得的，也就是说教学技能是可以通过学习和训练而获得的技能。同时，凭借日积月累的反复训练是可以改变和提高的，而不是与生俱来、不可改变的。因此，只要经过勤奋的学习、反复认真的训练、不断的实践应用，就可以具有娴熟的教学技能。

（四）教学技能具有可操作性

教学技能不同于一般的抽象的教学理论，学习后通过影响教师的观念和教学思想而间接影响教师的教学。教学技能是具体的、可操作的，学习和掌握了这些技能，就可以直接运用于课堂教学实践，解决教学中的实际问题，提高教学效果。为便于被训练教师理解和掌握，便于指导教师和被培训教师之间，以及研究者之间进行交流，每项技能必须有确定的内涵和外延，揭示技能的本质及其适用范围。因此，每项教学技能的构成明确而具体，具有很强的可操作性和广泛的应用性。

（五）教学技能具有灵活性

如前所述，课堂教学技能有着一般规律，有一般的操作程序和实施方法要领，但在具体的教学环境下，往往因教学对象的不同、教学内容的不同以及教师的个性差异等因素所致，每一种技能的运用都不可能是模式化和千篇一律的。在数学课堂上教学技能的应用是灵活而多样的。教师对于所学习和掌握的教学技能不可机械套用、简单模仿。

总之，教学技能具有专业性、稳定性、连续性以及训练形式上的实践性等一般职业技能的基本特征，以及目标明确、需要知识和经验基础、后天习得性、可操作性、灵活性等教学专业特性。

第二节　了解教学技能训练方式

一、训练途径

教学技能必须通过强化训练才能获得，关于教学技能的训练，依据训练方法和环境的不同大致可以分为以下几种途径。

（一）理论学习

我国早就要求各师范学校和师资培训部门开设职业技能训练课，并明确规定教学技能训练中的讲授与实践的学时比例为1：2。这意味着在进行教学技能训练时，很重视实际操作。训练固然重要，但也不能忽视教学技能基本理论的学习。在教学技能的训练中，教师应该首先学习各种教学技能的含义、实施程序或模式、操作要领、适用范围和相关要求、注意事项等，有时还要进行教学示范或课例展示。理论学习应占到教学技能培训的1/3学时，在此基础上，再通过实践进行训练。

（二）观摩训练

各种技能的训练都是从学习模仿开始的，继而再通过反复强化达到熟练掌握某种技能的境界。故观摩训练是教学技能训练的一种重要途径。可以通过多种方式进行观摩训练，主要有以下几种方式。

1.观看优秀课录像

从全国名师展示课、比赛课、录像课，或是从学习者自身认为的名师对象中甄选出优秀的完整课堂教学录像，或是能够充分反映某种教学技能特征、某个环节的教学片段，也可以直接选用教师参考用书配套发放的教学光盘，进行反复地观看和揣摩。笔者更建议以小组的方式进行观看，这样更利于反思、交流和探讨，促进教师团队整体教学水平的提高。若在观看之前，先组织一次相关课例的集体备课，效果会更加明显。关于课例的选择需要注意：一般以正例为主。若需要用到反例说明，课例学习的模式也应先展示正例，先建立正确的影像，再用反例加以对比印证。观看录像这种训练方式不受环境、客观条件、学校管理等因素的限制，便于教师观看和反复研讨，操作性强，观摩效率高，而且课例是由教师自主选择的，一般会比较符合训练目的。不足的地方是，学习者没有亲身体验，没有经历实践操作，多数情况下也不能与课例的实施者进行沟通，无法了解当时的课堂现状与实施者的教学意图，导致从课例中学习到的某些教学技能在实践中没有使用价值，故还需要配合其他训练方式使用。

2.教育见习

对于师范院校的学生来说，在学习教育教学理论之后，一般师范院校会组织学生赴中小学参加教育教学实践活动，实践活动又分为见习和实习。首先进行训练的是教育见习活动。在见习过程中，由师范院校的教学技能培训教师以及中小学的一线教师共同作为学生的指导教师。在这一阶段，学生主要向指导教师学习如何进行课程资源的采集与利用，如何进行教材分析，如何进行教学设计和编写教案，如何听课、说课、评课，如何编写试卷、批改作业、参与教师教研等。学生需要完成的训练任务主要是课堂教学设计技能训练、在课堂教学中应用信息技术的技能训练和听课评课的技能。通过教育见习，学生有机会感受一线教学的最真实状况，亲历中小学的各个教学环节，体验教师的职业生活。

（三）微格教学

要获得教学技能应进行模拟训练或纠正训练。模拟训练可以采用微格教学的方式进行练习。微格教学是师范生和在职教师掌握和提高课堂教学技能的一种国际公认并普遍使用的有效训练途径。北京教育学院微格教学课题组应用微格教学进行教学技能的训练，经过多年的实践和研究认为，微格教学是一个有控制的实践系统，它使受训练者有可能集中解决某一特定的教学行为，或在有控制的条件下进行学习。它是建立在视听理论和技术基础上的，系统训练教师教学技能的方法。微格教学是教学技能训练方法中最佳的一种，然而，它毕竟是一种模拟教学，不是真实的教学，而且每次训练的技能有限，不利于综合运用。因此，必须将微格教学与教育见习和实习等多种教学技能训练方法结合起来，取长补短，以发挥多种方法的互补作用和综合效应。后文会详细介绍微格教学的有关内容。

（四）实践训练

实践训练是指在真实的教学环境中进行教学技能训练的方法。实践训练既可以对专项教学技能进行训练，也可以对多种教学技能进行综合运用训练。根据训练者身份的不同，可以分为以下几种具体方式。

1. 教育实习

教育实习是进行实践训练的最有效的方法。在使用此种方法时，要事先制定好训练目标和计划，最后要有分析评价。采用这种训练方法，实习生面对的将是真正的学生，是真正的教学情境，讲授的是完整的课时，实习生可以直接将前期学习的抽象的教学理论应用到实践中去，检验其学习结果并及时加以纠正、改进。教育实习的训练方法是在前面几种训练方法基础上的综合运用，对实习生的要求高、有一定的挑战性，但同时也能迅速提高实习生的各种教学技能，训练的效果会更好一些。但这种方法必须有严格的组织管理和充分的教师指导，只有这样学生才能受益，快速进步，否则将会因松散无序而难以保证训练效果。更严重的情况是，若学生在实习过程中没有获得良好的训练和指导，在授课过程或实习其他环节遭遇挫折或不好的经历，很有可能会打击其积极性和成为一名优秀教师的信心。学生的教育实习活动尤其是第一次实践教学至关重要，不仅影响着学生教学技能训练的效果，而且直接影响着学生的职业规划和定位。因此，实施教育实习这种训练方法，必须做好充分的训练准备并且认真训练，如此才能提高学生的教学技能，同时，为其成为一名优秀教师打好基础，增强其优质教学的信心。

2. 教学实践

教学实践是训练教学技能的主要途径，这种方法是结合日常的教学实践而进行教学技能训练。教师除在学习和进修期间进行专门的教学技能训练之外，在参加工作之后，在日常教学中对于教学技能的训练也不能松懈，只有不断反思、持之以恒才能逐步提高。要成为一名优秀而出色的教师，其课堂教学技能水平不能只停留于熟练操作的层面，在基本教学技能达到熟练后，还应该继续追求教学的艺术性，并逐渐形成个人独特的教学风格。创造性、艺术性地应用各种技能，仅靠机械训练难以实现，还要通过不断学习、不断实践、不断总结经验，才能提高自己的教学能力。

3. 教学技能比赛

无论是在校学生还是在职教师，都有很多参加校内、省市，乃至国家级教学技能比赛的机会。比如，比较有影响力的全国性的比赛"东芝杯"教学技能大赛①、"人教社杯"教学技能大赛等。通过参加比赛，不仅能够得到教学专家以及其他同行教师的评价与指导，还可以与其他优秀教师进行比较，能够很快找到自己的不足与差距，也是一种在短期内迅速提高教学技能的有效途径。

（五）与身边的人沟通

三人行，必有我师。与身边的人有意识地、主动地进行沟通，对于教学技能的获得有很大帮助。虽然这种方式缺乏系统性与专业性，但却可以随时随地发生，不受时间和空间的限制，针对性比较强，往往是为了解决当前的困惑，有的方式方法甚至是在书本上无法查阅到的。

1. 与同事沟通

每所学校都会有一批经验丰富的教师，遇到问题及时向这些教师请教是迅速获得某项教学技能的重要手段。这些技能可大可小，可以是如何解决管理班级中遇到的某个难题，也可以是如何组织教学流程中的某句过渡语。有时一句话的指点会给人以茅塞顿开的感觉。一位年轻教师在讲解六年级下册"图形的放大与缩小"时，为了让学生能区分出"放大"与"缩小"的概念，引导学生用以前学过的比例尺的知识去记忆，前项表示图上距离，后项表示实际距离，当图上距离大于实际距离时表示放大，当图上距离小于实际距离时表示缩小。这样的引导是可以的，但不够简洁，如果根据比与除法的关系改用求比值的方法去对比则会显得更加清晰。比如，$3:1$ 的比值是 3，其结果大于 1，所以是放大；而 $1:3$ 的比值是 $\frac{1}{3}$，其结果小于 1，所以是缩小。如果不在实践中与人沟通，年轻教师通过自己实践经验去感悟总结出这样的方法是需要时间的。现实中，很多年轻教师没有主动请教他人的信心与习惯，也有的是不能发现问题。如果在教学中只要感觉到有困惑点、难点、学生前进的阻碍点时，都主动与身边的同事沟通请教，往往能够轻松取胜。

---

① "东芝杯"教学技能大赛，是中国师范大学理科师范生教学技能创新大赛，2008 年开始举办。

2. 与家人沟通

是的，很多人不理解掌握一些教学技能为什么要与家人沟通，或许有的家人是完全不懂教育教学的。在现实中，我们会发现一些这样的现象：有的教师的个人教学素养很高，备课也很认真，但学生就是不喜欢听他的课。其实这里面有部分原因是教师个人性格问题或者是处理不好与学生的关系，从而导致师生情感对立。因为家人间相互了解，对于这些问题如果与家人进行沟通肯定会更加有针对性，也会减少一些不必要的误会。笔者之前认识的一位教师就是要求特别严格，但管理方式简单，眼里容不下学生一点错，导致师生关系紧张，学习氛围不和谐，上课师生互动形式单一。虽然也有一些同事做过一些提醒，但这些是不深入的，因为受到了人与人之间关系的影响，问题一直没有得到解决。这位教师有一次和家人偶尔说起了这些事，家人们从性格特点、人际交往和小孩的成长特点与他进行了交流，他才慢慢发现问题的本质所在。其实，也比较好理解，有些问题旁人或许是不方便说的，或许有人也不愿意说，恰当的时候和家人沟通一些工作困惑也是不错的选择。

3. 与家长沟通

有意识地与家长进行一些专项沟通，对于教师教学技能的成长是很有帮助的，特别是在课堂组织方面。家长群体涉及的行业多，各个行业对于人的管理和流程管理与班级管理和课堂管理是有相通之处的。可以想象一下，当你从家长的口中学习到你完全陌生的某个行业的管理技巧时，你一定会联系到你自己的工作并进行相应判断。

4. 与学生沟通

从教学技能的角度出发，很多新教师都会忽略与学生的沟通。任何有效的教学方式首先是建立在了解学生的基础上，这包括学生学习习惯、思维特点、旧知识掌握程度，甚至班级学生的关系特点、学生业余爱好等。有时候我们会发现，无论教师怎么讲解，有的学生始终无法理解教师想要表达的意思，不是学生笨，很有可能是教师的讲解方式不适合学生的年龄特点，超越了他们的生活经验和理解能力。有计划地与学生进行沟通既可以增进师生情感，还可以很大程度地改变教师的教学方式和促进教学技巧的形成。举一个特别的例子，2013年笔者教的一个四年级的学生在做"还余下多少"的应用题时喜欢用除法列式，在做"还剩下多少"的应用题时喜欢用乘法列式。经过沟通才知道，这个孩子认为"余"与"除"长得相像，而"剩"与"乘"长得相像而已。这个案例甚至可以当成一个笑话，但它真实存在。

二、微格教学

(一)微格教学的概念

微格教学是教师运用专业知识和教学理论，传递教学信息、组织教学和促进学生学习所采用的一系列微型的教学行为方式。微格教学技能训练是在学习理论、传播理论、系统科学理论的指导下，运用现代教学技术的视听手段进行的基本教学技能训练，是理论联系实际的实践活动。其主要特征是把教师的教学行为分解为各种教学技能，分别加以训练，综合起来进行实践，形成整体课堂教学系统。通常，让参加培训的学员分成若干小组，在导师的理论指导下，对一小组学员进行 10 分钟左右的微格教学，并当场将实况摄录下来。然后在指导教师的引导下，组织小组成员一起反复观看录制的视听材料，同时进行讨论和评议，最后由导师进行小结。让所有学员轮流进行多次微格教学训练，可以使他们的教学技能、技巧有所提高，从而提高教师的整体素质。

现代教学观认为，教学是科学，是技术，也是艺术。教学作为科学是有章可循的，作为技术是能够通过专业训练掌握的，而教学艺术则使科学达到"神乎其技"的理想境界。师范生要成为合格的教师，除需要掌握一套科学的专业知识和教育理论知识之外，还必须经过严格的、特殊的专业技能训练。微格教学为训练和提高教学技能提供了一种行之有效的方法。微格教学正是一种利用现代教育技术手段来集中解决某一特定教学问题行为的实践性较强的师范技能训练形式。

微格教学之所以具有强大的生命力，可以产生明显的效果，是因为它具有真实集中、目标明确、反馈及时、评价准确、互帮互学的特点。

(二)微格教学的训练原则

微格教学训练是一个有控制的实践系统，它使受训者有可能集中解决某一特定的教学技能，或在有控制的条件下进行学习。这是建立在教育教学理论、视听理论和技术基础之上，系统训练教师教学技能的方法，其具有以下七点原则。

①交互性原则。技能要有利于师生间的交往，注重师生间的交互作用，通过各种方式交往，促使师生双方得到发展。

②启发性原则。技能要着眼于学生的思维活动，能够启发学生的思维，调动他们的学习积极性。

③可观察性原则。技能必须能明确观察到，具有明显的动作或行为，可以提供易于分辨的行为示范。

④可操作性原则。技能的目标明确，结构清晰，便于掌握，易于操作。

⑤可评价性原则。每项技能均有评价指标体系可作定量化评价与考核。

⑥规范性原则。每项技能定义准确、规范，有标准的术语和确定的使用范围。

⑦实用性原则。技能不仅在理论上是可行的，更重要的是必须符合课堂教学实际，确实是影响教学的因素，并为教师的经验所证实。

（三）微格课程的教案编写

围绕训练技能目标，在理论知识和典型范例的指导下，学习者初步尝试编写微格教案。微格教学教案的编写遵循一般教案编写的要求。关于如何进行数学课堂教学设计，如何编写教案，微格教学作为一种教学技能训练方式，其教案的结构有其独特之处：首先，要体现微格教学的特点；其次，微格教案除要具备一般教案所包含的教学目标、教学内容、教学重点难点、教学过程等内容之外，还要包含训练技能目标、教学技能类型（或要素、具体方法等），以便于实训操作，也便于核查、评价；最后，为了给受训者提供指导，便于进一步修改教案和反复训练，微格教案还十分重视对受训者所编写的教案以及实训过程的反馈评价环节。下面表格为微格教学教案的基本格式供读者在进行微格实训时参考使用，见表1-1。

表 1-1 微格教学教案设计表

学科： 执教者： 年级： 日期： 指导教师：

教学课题	
教学目标	
技能目标	
时间分配	
教师教学行为（包括讲授、提问、演示等）	
应用的教学技能	
学生学习行为（包括预想的回答等）	
需要准备的试听教具等	

第三节　有效教学视域下的数学教学

教学的有效性是课堂的永恒追求。教学要有效，就要求课堂教学实现从传递中心向对话中心，从教的课堂向学的课堂的转变。就学生而言，要求提高学习效率、增进学习结果、强化学习体验。就教师而言，要求教师从有效地教向促进学生学的教转变。

一、什么是有效教学

学生的发展是一切教学的根本任务，理应成为有效教学追求的终极目标。有效教学包含递进关系的三个方面：教学效率、教学效果、教学效益，如图1-1所示。所以，有效教学是有效地实现预期的教学目标的教学活动，其理念涵盖四个方面：其一，有效地促进学生的全面发展，特别是学生情感态度和创新思维的发展；其二，有效地改善学生的学习方式，促进学生有效学习；其三，有效地发展教师的教学效能，促进教师专业成长；其四，有效地改善教师的教学方式，完善教学准备、教学实施和教学评价。

图1-1　有效教学的三个方面

（一）有效教学所具有的特点

有效教学既是一种教学理念，也是一种教学追求，更是一种教学艺术，它具有五个基本方面：理解学习者、理解学习过程、创设支持性和具有挑战性的学习环境、建立有益的学习伙伴关系、密切联系社会和文化情境。因此，实现有效教学，需要兼顾多个维度的指标内容：师生共同参与创造活动以促进学习；通过课程发展学习者的语言，提高学习者素质；学习情境化，把教学与学生的真实生活联系起来，以此创造学习的意义；挑战性的活动，教给学生复杂的思维技能，通过挑战性思维发展学生的认知技能；教学对话，通过对话进行教学。

提高教学的有效性，应秉持基于课程的教学观和基于课程的教学模式，重视课堂教学方案的设计、实施和评价。教学方案的设计应立足教学单元，以便更好地把握联系，拓展教学时空，进而整合教学资源。整合教学资源，还应关注学生带进课堂中的经验，以及在课堂中通过师生相互作用而产生的学习资源，即要关注学习的自主建构与教学的动态生成。所以，有效教学应当追求生成与预设的和谐统一，树立弹性、动态、开放的课程设计观。

教师是实现有效教学的关键，应成为课程实施的积极推进者、平等对话者和行动研究者。教师的能力应从传递力转向创造力，视野应从学科视野转向课程视野，作用应从控制者转向引领者。所以，教师有效教学的能力涉及创设支持性的课堂氛围、有效提问、清晰授课、有效指导、促进参与、课堂监控、培养高品质思维等方面。

（二）有效教学所具有的原则

杰里·布洛菲[①]（Jere Brophy）围绕有效教学的核心观念，提出了 12 条有效教学一般原则。

①支持性的课堂氛围。学生在合作、互助、充满关怀的学习集体中能够学得最好。

②学习机会。当大部分可用时间都分配给与课程相关的活动，而且课程管理制度强调维持学生对这些活动的参与时，学生学得最多。

③课程安排。课程的所有成分，都用来创设实现教学目标的综合计划。

④建立学习方向感。教师让学生为学习做好充分准备，给学生提供简要的结构来凸显想要达到的结果，提示令人愉快的学习策略。

⑤连贯的内容。促进并保持意义学习，内容解释清楚，强调结构的关联性。

⑥深思熟虑的对话。设计的问题要确保学生的对话一直围绕核心思想展开。

⑦实践运用活动。学生需要足够的机会来实践和运用他们正在学习的东西，并接受有助于改进的反馈意见。

⑧支持学生完成任务。教师给学生提供有效参与学习活动所需的帮助。

⑨策略教学。教师教给学生学习和自我调节策略，并进行示范。

---

① Jere Brophy 教授是密歇根州立大学教学研究所的前所长，教师教育方面的杰出专家，芝加哥大学人类发展与临床心理学博士。因其在师生互动关系、教师期望效应、课堂管理、学生动机等教育心理学和教学研究方面的一系列研究与著述而闻名遐迩。

⑩合作学习。学生通常从两人结对或小组学习中获益匪浅，建构理解或通过相互帮助来掌握技能。

⑪目标导向评价。教师运用各种各样的正式和非正式评价方法，来监控学习目标实现的进展情况。

⑫成就期望。教师为学生成绩建立和遵循恰当的期望。

（三）多元化的维度

有效教学涉及多个维度，因而需要构建多元化的有效教学策略。具体包括构建有效课堂环境的策略、有效组织和实施教学的策略、有效评价教学的策略、有效应用教学技术的策略。其中，构建有效课堂环境指营造积极的学习教学行为（呈现行为、教学行为和指导行为）和课堂管理行为（课堂规则、课堂中的行为管理、课堂管理模式、课堂时间管理）。课堂评价是教学过程中了解情况、做出判断的过程，应贯穿在课堂教学始终。应用教学技术应强调如何运用技术改进学生的学习方式，突出运用技术改进学生的学习和完善教师的教学。

（四）基本框架

教学活动极为复杂，涉及多种因素的作用，仅从教师的教学行为或某个单一的维度考察有效教学难免失之偏颇。因此，合理的有效教学框架的建构必须从整体的视角，将教师特质、教学过程与教学结果、课堂生态学、教师知识、教师思考等有效教学研究成果综合起来。所以，不能仅从教师做了什么、做得怎样来描述，还必须从学生的学习和发展来评价。总之，有效教学框架的建构必须兼顾教师的教和学生的学，并以学生的学为重点。

这一框架综合了教师的教学行为与学生的学习行为两个方面，将构建有效的课堂环境的策略、有效地组织和实施教学的策略、开展课堂教学评价的策略、应用教学技术的策略有机地整合在一起，突出了对学生学习的关注，关照了学生情感态度与创新思维的发展，以及学生学习方式的完善。

二、课堂教学有效性的提高策略[①]

为了保证学生提高数学水平，教师要结合学生学习特点，重视激发学生兴趣，通过有效的教学情境构建，让学生积极参与到数学知识学习之中，从而保证教学有效性。下文通过具体分析，对相关的教学对策进行了总结，希

---

① 陈德治.初中数学课堂教学有效性的提高策略 [J].课程教育研究，2019(37)：102—103.

望能够帮助相关教师提高教学效果。

（一）激起学生的学习热情

对学生来说，拥有足够的学习兴趣才能让其积极主动地学习，提高学习效率。对数学教师来说，应当对此加以重视，采取适当的教学方法激发学生的学习兴趣。相对其他学科来说，数学学科比较抽象，对很多内容学生难以理解，这就导致很难激发学习的兴趣。以小学为例，为了提升学生的学习兴趣，教师首先要明确该阶段学生的身心发展特点。这个年龄段的学生处于成长期阶段，思维活跃，精力旺盛，想象力丰富，对其感兴趣的内容具有很强的求知欲，并且对新鲜事物有极强的好奇心。教师可利用学生感兴趣的提问方式进行教学，比如，"小数点位置移动引起小数大小变化"的教学片断。

师：同学们！你们想知道老师的银行存款有多少吗？

生：想。

师：老师的银行存款有1亿多一点。

生：哇！

教师很认真地在黑板上写出数字100000000，然后用一个小磁珠当成小数点放在1的后面，形成了1.00000000的形状。

师：老师的存款到底是多少啊？

生（笑着说）：1元。

师：那怎样可以把老师的存款变多一些呢？

生：把小数点向后移。

师：向后移也就是向右移。

这时，教师水到渠成地引出了本课主题。这样将数学知识与学生的兴趣点巧妙地联系起来，学生很容易接受，也提升了课堂效果。

当学生基本掌握了小数点位置移动引起数的大小变化的规律之后，教师还可以让全体学生举起右拳，用力握紧，再握紧，然后告诉学生，一般情况下我们右手的力气比左手力气大，因此，小数点向右移是扩大，反之，向左移就是缩小。这样一来，学生对于小数点的移动变化规律就更容易掌握了。

（二）将数学代入生活

由于小学生年龄在10岁左右，活泼好动，喜欢新鲜的事物，而数学这一学科枯燥抽象，学生难以对其产生兴趣，并且教师往往在讲课时生搬硬套，理论知识较强，因此，学生参与率低，只能被动听教师讲授，缺乏学习的能动性。教师要调动学生学习的积极性，可将数学生活化，将生活实际与课堂知识相联系，为学生创设一个真实有效的学习环境。例如，教师在讲授"可能性"相关的课程时，可举例讲解，在一些实体店会举办一些抽奖活动，奖品分别为一等奖、二等奖和三等奖，那么，什么时候能抽中这些奖项呢？这时候将"可能性"的知识进行引入，让学生自然而然地接受这个知识点。这不仅调动了学生参与课堂的积极性，也让学生对这个知识点有了深刻的了解。教师在创设教学情境时，应该与实际生活进行联系，让学生了解生活中数学的应用，为学生学好数学打下基础。

（三）利用新科技手段生动讲述

随着现代科技突飞猛进的发展，网络化和信息化走进我们的生活，在讲授较为复杂的知识时，就可与网络信息相联系。教师可利用多媒体的形式进行授课，包括图片、视频等，让学生清晰直观地学习课程所讲的内容，激发学生的学习兴趣，充分调动学生的积极性。这就要求教师能将多媒体引入课堂，积极吸收新的教学方法，熟练掌握并能运用到实际的教学活动中。例如，在讲授"图形"相关课程时，教师可以利用多媒体展示物体的图片或播放视频，包括开关门的视频、物体的坠落、电梯的运行等。通过实物展示，引入图形平行以及旋转的知识，让学生留意生活中的一些小常识，增强学生的观察能力。

（四）培养学生的思维能力

教师应将探究式学习方法融入课堂教学中，锻炼学生的思维能力，培养学生的创新意识，从而提高学生解决实际问题的能力。

1.营造环境，培养逻辑思维

良好的趣味情境的营造，有助于学生参与到情境中，迸发出思想的火花，培养学生的分析与综合能力。为此，教师要做好课前准备，精心设计教学环节，使每节课形象、生动，并有意创造体验机会，引导学生主动参与进来，分析生活中遇到的数学问题，发散思维，学会联系自己所熟悉的实际生活。将教、学、做统一于情境体验中，对于解决问题的策略概念、法则、定律等教学内容，可引导学生从生活的角度思考策略的运用，并进行推理与总结，抽象概括出策略运用的环境，逐步培养学生的逻辑思维能力。

2.巧妙提问，鼓励学生主动学习

在小学数学教学过程中，教师应抓住有效时机，向学生适当抛送具有悬疑性的问题，引导学生灵活地发散思维，探寻知识间的内外联系，发挥学生的主观能动性探究其原理，在这当中要注意以下问题。

第一步是提出问题，问题的设置要具有递进性，能激发学生的探究欲望。第二步要创设问题情境，可让学生结合课程内容，自主提出小问题，小组进行讨论，然后上台展示小组成员的学习效果。例如，三件上衣和两条裤子有几种不同的搭配方法的小问题。在教学时可利用多媒体课件辅助工具中的拖动功能，让学生上前展示搭配过程，并做详细讲解，之后再对题目进行拓展，上衣变为四件、五件、六件……裤子也随之增多，这时该如何搭配？组织学生进行讨论，有的小组成员回答说可用表格法进行解题，有的说可用综合算式进行解题等。这就促使学生将教师所教知识内化后加以灵活运用，提升其综合运用能力。第三步是评价与总结，在学生回答完问题后，教师要及时就学生反映的情况，给予表扬与鼓励，或是补充与总结，并就阶段性学习情况进一步优化与调整，提高班级学习气氛。

3. 查缺补漏，培养学生逆向思维

数学知识是严密的逻辑系统知识。多数学生在学习数学知识时很容易产生遗忘，这是由于对知识的理解不够透彻，也未能经常复习，未建立起系统的知识结构。鉴于此，教师在平时每教一个解决问题的策略新知识点，都要尽可能带领学生去复习有关的旧知识，加强新旧知识的联系，逐步构建起知识的桥梁与框架，培养学生的顺逆向思维能力。例如，在进行数量关系"单价 × 数量 = 总价"教学时，就可在课堂中创设一个六一儿童节的购物小场景，让学生结合生活经验，去利用乘法来计算商品的总价，然后自主进行公式的总结；拓展环节则可让学生从问题出发进行思考：假如现在已知的是总价与数量，要求单价怎么办呢？这样既可活跃课堂气氛，又可帮助学生串联知识点，使学生在解决问题的同时锻炼了自己顺逆向思维能力。在复习阶段，教师还可使用思维导图方法，从本课堂知识中心出发，向外寻找相关知识点，构建起知识框架的整体画面。

总之，数学是学生学习的重点，如何构建有效的数学教学课堂，让学生积极参与到数学学习之中，仍然是教师面临的巨大挑战。为了适应新时期教学改革要求，教师要重视培养学生的实践能力，要积极利用各种有效的教学方法，不断创新，激发学生学习热情，以保证课堂教学质量。数学教学过程不单单要在课堂传授知识，更要促进学生能力的全面提升，尤其是思维能力的发展。为此，教师要做好课前准备，提前预设课堂环节与问题，结合班级实际情况，与学生一同创设学习情境，引导学生走入其中去体验，在做中学，在学中做，教、学、做合一，循序渐进地掌握每一个知识点，并懂得知识迁移，促成学以致用。同时，教师还要注重良好的学习方法的传授，更好地锻炼学生的思维能力。

第二章　案例分析下数学课堂教学设计技能探究

简单地讲，教学设计就是通常所说的备课，是教师结合课程标准和学生实际，把课程目标转化为教学目标，安排教学环节使目标得以实现的过程。特级教师白金声曾对此做过精彩的比喻："在备课上多花点时间，如根上浇水；在讲课上增加学生负担，似叶上施肥。"可见，备好课是上好课的先决条件。本章将从数学课堂的概念、方法、问题与现状、实际运用等几方面，对教学设计技能进行探讨。

第一节　理解概念：什么是数学课堂教学设计技能

一、构成数学课堂教学设计的要素

数学课堂教学活动是师生积极参与、交往互动、共同发展的过程。从数学教学的构成要素来看，它是由学生、教师、教学目标、教材、教学环境这五个要素组成的一个系统，这五个基本要素的关系如图 2-1 所示。

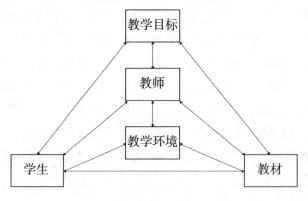

图 2-1　数学教学的五个基本要素

（一）教学的主体——学生

有效的数学教学活动应体现"以人为本"的理念，其目标应是促进学生的全面发展。教师、教学目标、教材、教学环境这四种要素一起支撑起促进学生全面发展的目标，学生在数学教学中处于非常重要的主体地位。学生在获得知识技能的过程中，只有亲身参与教师根据教材和环境精心设计的教学活动，才能在数学思考、问题解决和情感态度方面得到发展。数学教学过程是学生对数学知识主动建构的过程，教师、教材、环境起着重要的支撑作用，为学生的发展提供条件和可能性。最为主要的是学生的主观能动性，表现为数学学习的兴趣、愿望、信念和策略等，它使学生发展的可能性变为现实。在数学教学中，我们不能忽视学生学习的主观能动性，应充分激发学生的求知欲，让学生学会学习，让学生正确建构自己的数学认知结构，提高他们的数学水平，促进他们的全面发展。

（二）教学的组织者——教师

教师在学生数学学习中所起的支持作用表现在，教师是数学活动的组织者、引导者和合作者。教师要了解学生原有的数学水平和可能达到的数学水平，将数学活动设置在两者之间，即维果茨基提出的最近发展区，与学生合作，搭建台阶，引导学生从现有的水平达到可能的水平，使学生"跳一跳，摘个桃"，调动学生的主动性，不能把数学知识作为一种"结果"直接传授给学生，要把数学知识的学习作为一个过程让学生参与。

正如《义务教育数学课程标准（2019 年版）》中提到的，教师的"组织"作用主要体现在两个方面：

第一，教师应当准确把握教学内容的数学实质和学生的实际情况，确定合理的教学目标，设计一个好的教学方案。

第二，在教学活动中，教师要选择适当的教学方式，因势利导、适时调控，努力营造师生互动、生生互动、生动活泼的课堂氛围，形成有效的学习活动。

教师的"引导"作用主要体现在三个方面：

第一，通过恰当的问题，或者准确、清晰、富有启发性的讲授，引导学生积极思考、求知求真，激发学生的好奇心。

第二，通过恰当的归纳和示范，使学生理解知识、掌握技能、积累经验、感悟思想。

第三，能关注学生的差异，用不同层次的问题或教学手段，引导每一个学生积极参与学习活动，提高教学活动的针对性和有效性。

教师与学生的"合作"主要体现在：教师以平等、尊重的态度鼓励学生积极参与教学活动，与学生共同探索，与学生一起感受成功和挫折，分享发现和成果。

（三）教学的指导——教学目标

教学设计的第一步是制定教学目标，即确定教学任务完成时要达到的要求或标准对学生学习结果的预期。教学目标有着导学——指导学生学习，导教——指导教学方法、技术、多媒体的选择和运用，导评——指导教学结果的测量与评价的功能。所以，制定恰当的教学目标对于教学的实施有着至关重要的影响。

（四）教学的知识载体——教材

教材在数学教学中的作用体现在：它为学生、数学学习活动提供了学习主题、基本线索和知识结构，是实现数学课程目标、实施数学教学的重要资源。教材为学生的发展提供的支撑具体体现在三个方面：

第一，教材所选择的学习素材应尽量与学生的生活现实、数学现实、其他学科现实相联系，应有利于加深学生对所要学习数学内容的理解。

第二，教材内容的呈现要体现数学知识的整体性，体现重要的数学知识和方法的产生、发展和应用过程。

第三，应引导学生进行自主探索与合作交流，并关注对学生人文精神的培养。

（五）教学的支撑条件——教学环境

教学环境是指数学教学中创设的物质环境和精神环境。物质环境为学生的发展提供的支撑条件包括课桌、黑板、多媒体、教室布置、教具、信息技术资源等，这些物质环境的创设在很大程度上能提高学生从事数学活动的水平和质量；精神环境包括教师的情绪、态度及其所创设的课堂文化氛围等，这些精神环境对学生的发展起着引导和潜移默化的作用。

综上所述，数学教学系统有五个基本要素：学生、教师、教材和教学环境、教学目标。学生是教学过程中最重要的要素，是数学教学的主体，决定着教学的进程；教师在教学过程中起着调控、主导的作用；教材和教学环境作为教师和学生的中介，为学生的数学学习提供支撑；教学目标指导着学生与教师的活动。因此，我们可以把数学教学的本质理解为：学生在教师与教学目标的引导下、在教材和教学环境的作用下，能动地建构数学认知结构，并使自己得到全面发展的过程。

二、数学课堂教学设计的思路与理念

（一）设计思路

教学是引起、维持和促进学生学习的活动，因而教育心理学家从学生的学习结果出发，去探讨教学设计问题。如加涅（Gagne）[①] 把学生学习的结果分为五类：言语信息、动作技能、智慧技能、认知策略、态度。这样，我们可以从言语信息（陈述性知识）、动作技能（操作性知识）、智慧技能（程序性知识）、认知策略（策略性知识）、态度（价值观与心理倾向等内隐性知识）五个方面来设计教学目标，以及评价学习结果。因而，数学教学设计的基本思路即以学生学习前的知识经验为出发点，以数学教学目标为导向，以学生的学习过程为平台，以学生学习的类型、结果为评价依据。

（二）设计理念

基于学习结果的目标设计与评价取向，确定数学教学设计的基本理念为：

第一，以教促学，努力追求"教是为了不教"的最终目标。

第二，全面发展，体现三维目标设计。

第三，提高效率，落实教学目标。

第四，协调平衡，实施系统设计。

第二节　渗透内涵：数学课堂教学设计的类型

一、依据教学目标进行分析

教学目标有着导学——指导学生学习、导教——指导教学方法、技术、多媒体的选择和运用、导评——指导教学结果的测量与评价的功能。所以，制定恰当的教学目标对于教学的实施有着至关重要的影响。

对于数学教学目标，若考虑实现周期的长短，可分为长期目标、中期目标与短期目标。如图 2-2 所示，义务教育数学课程的目标体系中，总目标即是长期目

[①] 加涅（1916—2002），美国教育心理学家，1916 年出生于美国马萨诸塞州北安多弗，是经过严格的行为主义心理学训练的心理学家。

标，学段目标即是中期目标，章目标、单元目标与课时目标属于短期目标。三者之间的关系为：长期目标需要以中期目标的实现为基础，中期目标需要以短期目标的实现为根基。就短期目标而言，章目标是长期目标，单元目标是中期目标，课时目标为短期目标；章目标依托单元目标，单元目标依托课时目标。因此，章、单元、课时目标的制定要考虑中期目标与长期目标的落实，中期目标的制定要兼顾长期目标的落实与短期目标的达成。

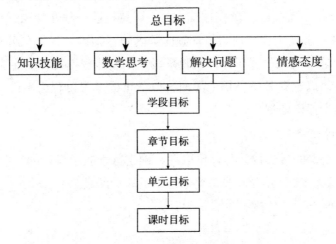

图2-2 目标体系

（一）长期目标——总目标

长期目标是某一课程内容学习结束后所要达到的目标。因而，数学长期目标也就是义务教育阶段数学课程的总目标。通过义务教育阶段的数学学习，学生能达到以下目标：

第一，获得适应社会生活和进一步发展所必需的数学的基础知识、基本技能、基本思想、基本活动经验。

第二，体会数学知识之间、数学与其他学科之间、数学与生活之间的联系，运用数学的思维方式进行思考，增强发现和提出问题的能力、分析和解决问题的能力。

第三，了解数学的价值，提高学习数学的兴趣，增强学好数学的信心，养成良好的学习习惯，具有初步的创新意识和科学态度。

总目标分为知识技能、数学思考、问题解决、情感态度四个方面。这四个方面构成三个维度：知识与技能、过程与方法（包含数学思考与问题解决）、情感态度与价值观。这四个方面不是相互独立和割裂的，而是一个密切联系、相互交融的有机整体。在教学设计和教学活动组织中，应同时兼顾这四个方面。这些目标的整体实现，是学生受到良好数学教育的标志，它对学生的全面、持续、和谐发展有重要的意义。数学思考、问题解决、情感态度的发展离不开知识技能的学习，知识技能的学习必须有利于其他三个目标的实现。

值得注意的是，长期目标的实现周期很长，通常是一门课程，或一个学习领域，或一个核心概念的教学所不懈追求的。例如，"学会独立思考，体会数学的基本思想和思维方式""增强应用意识，提高实践能力""发展创新意识""学会与他人合作交流""建立自信心""养成认真勤奋、独立思考、合作交流、反思质疑等学习习惯"等，就是整个义务教育阶段数学课程追求的长期目标；"感受随机现象"则是"概率与统计"教学所追求的长期目标；"建立数感、符号意识"则是义务教育阶段"算术与代数"教学所追求的长期目标。

确立长期目标时，应当建立它与所授内容之间的实质性联系，将长期目标设立于教学目标之中，结合到教学内容里面，镶嵌在教学过程内部。就提高推理能力这一长期目标而言，它不可能在一天，几天，甚至几个月内完成，它是一个实实在在的需要不断落实的数学教学目标。事实上，所有的义务教育数学内容都有培养学生合情推理能力的作用，不论是探索数学对象之间的数量关系，还是探讨图形蕴含的性质，或是猜想数学结论等。关键应在教学设计中，把培养学生的数学合情推理能力列为明确的教学目标，同时结合相应的数学内容与教学活动，使这一目标得到具体落实。

（二）中期目标——学段目标

中期目标，在《义务教育数学课程标准（2019版）》中表现为学段目标：第一学段为1—3年级，第二学段为4—6年级，第三学段为7—9年级。学段目标同样从三个维度、四个方面进行展开。

以第二学段（4—6年级）为例，课程目标如下。

1.知识技能

①体验从具体情境中抽象出数的过程，认识万以上的数；理解分数、小数、百分数的意义，了解负数的意义；掌握必要的运算技能；理解估算的意义；能用方程表示简单的数量关系，能解简单的方程。

②探索一些图形的形状、大小和位置关系，了解一些几何体和平面图形的基本特征；体验简单图形的运动过程，能在方格纸上画出简单图形运动后的图形，

了解确定物体位置的一些基本方法；掌握测量、识图和画图的基本方法。

③经历数据的收集、整理和分析的过程，掌握一些简单的数据处理技能；体验随机事件和事件发生的可能性等。

④能借助计算器解决简单的应用问题。

2.数学思考

①初步形成数感和空间观念，感受符号和几何直观的作用。

②进一步认识到数据中蕴含的信息，发展数据分析观念，感受随机现象。

③在观察、实验、猜想、验证等活动中，发展合情推理能力，能进行有条理的思考，能比较清楚地表达自己的思考过程与结果。

④会独立思考，体会一些数学的基本思想。

3.问题解决

①尝试从日常生活中发现并提出简单的数学问题，并运用一些数学知识加以解决。

②能探索分析和解决简单问题的有效方法，了解解决问题方法的多样性。

③经历与他人合作解决问题的过程，尝试解释自己的思考过程。

④能回顾解决问题的过程，初步判断结果的合理性。

4.情感态度

①愿意了解社会生活中与数学相关的信息，主动参与数学学习活动。

②在他人的鼓励和引导下，体验克服困难、解决问题的过程，相信自己能够学好数学。

③在运用数学知识和方法解决问题的过程中，认识数学的价值。

④初步养成乐于思考、勇于质疑、实事求是等良好品质。

中期目标起着承上启下的作用。只有将中期目标与长期目标中的四个方面相参照，才能将长期目标植根于中期目标，并通过中期目标与短期目标建立的联系，使长期目标得到落实。

（三）短期目标——章节、单元、课时目标

短期目标是某一章、某一单元、某一课时课程学习过程结束时所要达到的目标。短期目标与特定的知识分支、组块密切相关，具有较强的逻辑关联。通常，一章内容大致分为 3 个单元，每个单元一般不超过 5 个课时，因此，短期目标的时间跨度为 1 课时到 15 课时。章目标要落实在单元，单元目标要落实在课时，因此对于短期目标的分析，我们主张单元备课，课时落实。

例如，"角的度量"（人教版四年级上册）的教学目标如下。

知识技能：让学生用量角器探索角的度，理解并掌握直角、锐角、钝角方面的知识。寻找现实中带角度的物品进行测量，巩固角度的概念。

数学思考：通过观察、实验、猜想、验证、推理、交流等数学活动，发展学生推理能力与动手操作能力。

问题解决：通过直角、锐角、钝角判定条件的探索，积累从事数学活动的经验，感受数学思考过程的条理性及解决问题策略的多样性，发展实践能力与创新意识。

情感态度：在操作、观察、猜想、分析等过程中，进一步形成主动探索、质疑和独立思考的习惯。

对"角的度量"的教学目标稍作分析，可以发现短期目标的确立：一要体现中长期目标的要求，二要体现三维目标的四个方面，三要描述学习过程。

需要注意的是，教学目标的确立还与学生发展的特点、数学内容的组织以及学生已有的知识经验密切相关。

二、依据学生发展特点进行分析

在设计教学过程的活动中，必须考虑学生的身心特征，脱离学生身心发展特点的教学过程肯定不能很好地优化学习结果。一般说来，应该了解学生的一般特征，包括认识、情感、品质方面的特征。下面对比列举了三个时期的学生身心特征。

（一）小学生身心特征

小学生感知事物的特点比较笼统、不精确，对时间和空间的概念也比较模糊。在记忆的发展方面，机械记忆占主导地位，从无意识记为主向有意识记为主发展，从具体形象记忆向抽象记忆发展。在思维的发展方面，以具体形象思维为主，抽象逻辑思维的自觉性较差，抽象逻辑思维发展不平衡，缺乏批判性思维，思维也不够灵活。在想象方面，想象力丰富，但想象与现实之间没有明确界限。在注意的发展方面，表现出注意不稳定、不持久，注意的范围小、分配能力不强、转移品质较差等特征。因此，在设计教学时要以小学生的认知发展水平和特点为基础。考虑到学生的年龄特征，不宜提出太高、太多的要求，要注意学生的劳逸结合，适当控制作业量；要明确活动的任务、要求，激发学生的兴趣，鼓励他们敢想、敢说、敢做；还要及时引导，教给他们一定的认知方法，逐步提高他们认识世界的自觉性、目的性。

在情绪、情感发展上，小学生的表现形态在不断变化，内容不断丰富、深刻，稳定性和自控力不断增强。小学生的道德感还只是外部的、被动的、粗浅的。这种情感体验容易受具体形象事物的感染，还没有达到自觉意识的水平。小学生的美感主要指向内容，指向具体人物的形象，较少注意作品的艺术评价。

在意志发展方面，小学生自觉性比较低，容易独断和受暗示；果断性不强，常常表现出草率从事、鲁莽冲动的特点；坚持性品质不强，见异思迁、做事虎头蛇尾；自制性品质较差，任性冲动、怯懦在一些小学生身上也常常表现出来。

（二）初中生身心特征

初中生的感受性和观察力发展得相对较好，知觉的有意性和目的性有了较大提高，知觉的精确性、概括性更加发展，出现了逻辑性知觉。初中生的意义识记能力更加发展起来，形象识记和抽象识记都在发展。在思维方式上，创造性和批判性日益明显，片面性和表面性依然存在，思维的"自我中心控"再次出现。初中生在想象的发展方面，想象的有意性迅速增长，想象的创造性成分在不断增加，想象的现实性在不断发展。在注意的发展方面，有意注意有了进一步发展，注意比较稳定和集中，注意分配能力发展相对较为缓慢，具有一定的注意转移能力。

初中生情绪、情感发展的特点包括：情绪反映强烈，带有明显的不稳定性、冲动性。情感的外部表现比较明显，而且带有比较明确的两极性。高级情感在日渐形成发展，不过尚未占据主导地位。在意识发展方面，受暗示性仍然占较大比重，突出表现在喜欢模仿上。他们追求时尚，崇尚流行，自觉意识较弱，意志的果断性不强，在需要做出决断时，还要依赖外部力量。办事草率或优柔寡断现象在初中生身上表现开始增多。

（三）高中生身心特征

高中生感知觉的发展水平不断提高，更富有目的性和系统性，能发现事物的一些主要细节和事物的本质方面，稳定性、持久性、精确性都比初中生有很大的提高。高中生记忆的发展已达到新的成熟阶段。意义识记占主导地位，机械识记的成分逐渐减少。在复习时，能够自觉地安排复习，并能主动地自我监控。抽象识记不断增强，形象识记则有下降的趋势。高中生思维的发展具有更高的抽象概括性、反省性和监控性特点。就思维品质发展而言，高中生思维具有更强的组织性、独立性、深刻性和批判性。高中生思维水平存在着较大的个性差异。高中生的情感反应很强烈，富于激情和热情。他们的情绪、情感具有两极性色彩，而且内心体验变化较大，带有闭锁性，不易被人发觉。在与异性的交往上，要显得成熟些、理性些。在高级情感的发展上，高中生已能用一定的道德准则去评价自己和他人的行为。在集体感上，高中生特别重视自己在集体中的地位；在友谊感形成中，比较注意共同的心理基础，有一定的选择性。在意志品质的发展上，他们受暗示性减少，独立性进一步增强，果断性有了更大的发展，能逐步有原则地做出决断和处理矛盾，但同时又易出现独断性。

三、依据教学内容进行分析

钻研、梳理教材，就是数学教学内容分析。教材，是教师"教"和学生"学"的重要资源，是用于教学的一切载体，包括教科书、教学辅助材料。教师"用教材教"，但不是"教教材"。为此，教师要以课程内容的创造性使用为前提，深度开发教材资源，实现教材功能的优化，这就需要对教学内容进行全面分析。

数学教学内容分析有三个层次。一是内容背景分析，即了解数学知识产生的背景、展开主线、与其他学科及现实世界的联系，特别要关注数学知识与学生现实经验的联系，深入挖掘数学教育价值。二是基本要求分析，即厘清数学内容蕴含的思想方法、基础知识的深广度、基本技能的水平及数学能力发展的侧重点等。三是结构系统分析，即了解教材内容知识结构（整体结构与章节结构）、弄清本课内容与相关内容的上下位或并列关系。要注意结构系统中的基本理论及其内蕴的通性和通法；明确一节课的主攻方向以及教学中的困难所在。

（一）挖掘数学思想方法

挖掘数学思想方法指的是理解基本的数学概念、数学结论的本质，了解概念、结论等产生的背景以及应用，体会其中所蕴含的数学思想和方法，以及其在后续学习中的作用；获得适应社会生活和进一步发展所必需的数学的基础知识、基本技能、基本思想、基本活动经验。因而，分析教材蕴含的数学思想方法是研究教材的重要工作。

数学思想是对数学知识、数学规律的理性认识，是从某些具体的数学内容和对数学的认识过程中提炼上升的数学观点，带有普遍的指导意义，是建构数学和用数学解决问题的指导思想。例如，化归思想、模型思想、极限思想、随机思想、最优化思想、函数与方程思想等。数学方法是从数学的角度提出问题、解决问题的过程中所采用的各种方式、手段、途径。因此，数学思想与数学方法有区别，但也有联系。数学思想的具体运用称为方法，将数学方法抽象概括成策略性的原理就是数学思想。从宏观到微观，可以将数学思想方法分为基本和重大的数学思想方法、与一般科学方法相应的数学方法、数学中特有的方法、数学解题方法。这四种划分不存在明显的界限，一般统称为数学思想方法。

数学思想方法属于策略性知识，寓于具体数学知识之中，研究教材时，要深入分析教材，厘清教材内容展开的线索，挖掘教材内在的数学思想和方法。

（二）对基础知识进行深入分析

数学教材中基础知识、基本技能的深广度一般通过例题、习题得以折射，而且例题、习题反映了学生应达到的知识技能要求。因此，分析教学内容时，需要深入分析例题与习题的深度、广度。

1.例题、习题的作用

钟善基把数学的例题、习题，按其作用分为七类：单纯用于学生明确与巩固新学习概念的本质属性和命题中的条件、结论的题目；单纯用于学生熟悉新学习的公式、法则、作图法的使用对象与使用条件以及运用技能的题目；单纯用于学生运用新学到的概念、公式以及命题的论证题；新旧知识结合运用的论证题；新旧知识结合运用的计算题和作图题；综合运用各种知识进行解答的题目；为后继新课教学做准备的题目。

例题还可以成为引入新知识的具体实例，或者成为新知识展开的隐含线索，或者成为新知识的一部分。

例如，六年级下册第一单元"负数的认识"中，例题1："下面是中央气象台2012年1月21日下午发布的六个城市的气温预报，通过观察，你能发现什么？"这一例题就是引入新知识的具体实例。再例如，四年级下册的"加法运算定律"中的例1："李叔叔准备骑车旅行一个星期。今天上午骑了40千米，下午骑了56千米。李叔叔一共骑了多少千米？"这也是引入新知识的具体实例。"小数的意义"中的例1："把1米平均分成10份，每份是多少分米？每份是多少米（用分数表示）？每份是多少米（用小数表示）？"这是新知识展开的隐形线索。而"小数与单位换算"中的例题"80厘米=( )米"则是新知识的一部分。

2.例题、习题的研究

学生通过对例题和习题的研究掌握知识。因此，例题、习题就成为教师了解、掌握学生学习情况的一把尺子。用好这把尺子，要求教师认真研究教科书中的例题、习题，将教材中的全部例题、习题演算一遍，细心体会每一道例题与习题的目的、作用与要求，探讨每一道例题、习题的背景和最优解法。

研究例题、习题，要将其置于数学学习的整体过程中加以考察，让例题、习题变得立体丰盈，充满灵动。

（三）培养思维能力，发展创新意识

教科书中的例题、习题刻画的是对学生基础知识、基本技能的要求。而数学思维能力，尤其是数学的应用意识与创新意识的培养，却更多地隐含在教科书内容的编排脉络中。为此，发展学生数学应用意识的数学课程应提供基本内容的实际背景，反映数学的应用价值。数学课程应力求使学生体验数学在解决实际问题中的作用、数学与日常生活及其他学科的联系，促使学生逐步形成和发展数学应用意识，提高实践能力；体会数学知识之间、数学与其他学科之间、数学与生活之间的联系，运用数学的思维方式进行思考，增强发现和提出问题的能力、分析和解决问题的能力；了解数学的价值，提高学习数学的兴趣，增强学好数学的信心，养成良好的学习习惯，具有初步的创新意识和科学态度；进而初步学会从数学的角度发现问题和提出问题，综合运用数学知识解决简单的实际问题，增强应用意识，提高实践能力；获得分析问题和解决问题的一些基本方法，体验解决问题方法的多样性，发展创新意识。

第三节　探索现状：数学课堂教学设计实施现状

一、在实施过程中出现的问题

在对文献检索和访谈得到的数据进行整理与分析之后，可以归纳出当前数学教师在课堂教学目标制定和实施中的几个主要问题。

（一）在设计中忽视目标与评价的作用

通过调查可知，有些教师对于教学设计中的目标内涵和地位的理解存在偏差，部分教师将教学目标当成最终要达成的任务，忽视教学目标对实施过程和最终落实后评价的指导作用，这一问题主要体现在教学目标的实施和教学目标的评价两个方面。

1. 对教学目标的设计缺乏合理性

有些一线的数学教师，缺乏对教学目标的理论解读，导致分不清教学目标的系统层次，严重混淆了课程目标和课堂教学目标。

课堂教学目标不仅仅是指导教师教学工作的工具，同时还应让学生明确所要学习的内容，所以，课堂教学目标是课堂教学设计之中一个至关重要的环节，在一定程度上也成为影响课堂教学效果的关键因素。新课程改革中明确提出要突出学生作为教学主体的重要性，而课堂教学目标也应该以学生的学习目标作为依据。

2.教学评价种类不够丰富

教学设计评价环节是整个课堂教学设计的收尾部分，同时也是课堂教学设计的重要组成部分。教师通过评价能够掌握学生的学习状况，进而进行有针对性的教学，通过评价也能够激发学生的学习热情，有助于教师实现课堂教学设计最优化。

（二）解读教材的能力不足

教学任务主要是解决教师教什么和学生学什么，主要依托的是教材，但是需要注意的是，教材本身是静态的，而教学过程是动态的。这就无形中造成了教材与学生的实际经验世界存在一定的差异，因此，要求广大数学教师能够根据学生的特点、实际情况灵活地组织教学内容，绝不是将数学知识进行简单的"讲授"。

（三）教学设计处理模糊

经调查，有些数学教师不清楚课堂教学设计中教学目标与课程目标的关系，能对前者进行具体化表述的只是一小部分，其中这一问题又体现在两个方面：首先是教学设计的内容处理模糊；其次是教学设计选用的动词模糊。

1.内容上的模糊

在对文献进行分析时，发现有的教学目标设计看似很全面，但很多是不切实际浮于表面的内容，不仅没能具体化，反而又返回到课程目标的高度，没能对课程目标起到的作用进行考察，最终影响课程目标的落实。如教师讲授"从三个方向看物体的形状"所制定的教学目标：让学生在不同角度观察实物图的基础上，能够说出同一物体从不同的角度看是不一样的；通过想象可以从实物图中抽象出几何图形，进而能画出从不同方位所看到的实物图的三视图；促进学生空间观念的形成。能够通过实物图与几何图的互相转化，用语言描述两者的关系等，必须经过一个单元或更长时间的学习，学生才能慢慢形成"空间观念"。"空间观念"是数学课程标准中十大核心概念之一，不是通过一节课就能达成的，但是教师直接把这一概念写入课堂教学目标，没有对其内涵进一步细化。

2.设计上的模糊

当前有些数学教师总是混淆表述课程和课堂两个不同层次目标设计时所应选用的行为动词，这会影响对学生学习活动及表现程度的有效评价。参考相关统计结果，在搜集的 108 篇文献中，34% 的设计选用了不具有可观测性的行为动词来表述知识三维目标；另有 80% 以上的数学教师在进行表述时会有模糊不清这一问题，只有 9% 的教师能选用可观测性的行为动词。而且通过访谈可知，目前教师在表述目标时普遍认为了解、理解等动词较为合理。可见，大多数教师在表述课堂教学目标的知识技能目标时，习惯选用数学课程标准中给出的了解、理解、体验等描述心理活动状态的动词，来表示学生在学习知识过程中与结束后的表现，这些动词指向的心理活动状态不可测量，设计出的知识维度目标可测量性较低。

（四）缺乏对教学策略的设计

教学策略是指教师在教学过程中为了实现教学目标，而采用的某些以教学理论为指导的教学方法，这也是教学设计中一个有机的组成部分，也是教学设计的中心环节。因此，教学策略的选择要依据教学目标、教学对象（学生）、具体的教学情境和学生所需进行相应的变化。

二、出现问题的原因

经过参考相关调查以及对现状的分析，结合相关问卷和访谈结果总结出教师在进行教学设计，以及制定和落实课堂目标时出现问题的根源，主要体现在两个方面。

（一）缺乏对相关理论的学习

对一线数学教师进行调查和访谈后发现，有些教师并不重视教学目标设计，只有不到一半的教师参加过教学目标设计的培训或研讨会。而经过差异性分析可知，培训情况又是影响教师对教学目标设计的一个因素。由此可知，有关教学目标设计的培训相对较少，这是导致教师缺少对相关教学目标理论的学习的外部因素。另外，在与一线数学教师深入交流之后可以得知，有些教师由于自身原因，也并不注重学习教学目标设计的相关理论，甚至还有一些教师不研究数学课程标准的要求。教师缺少对课程标准和相关教学目标理论的学习，这也是其混淆课程和课堂两个不同层次目标的主要原因。

（二）受传统观念的影响

当前有些一线数学教师以讲授法作为实施教学目标的主要策略，以书面作业作为评价教学目标的主要方法，有些教师以作业和测试题来评价目标的达成，偏向于知识技能目标的设计与落实。另外，在对一线数学教师进行观察和访谈后发现，有些教师在备课时一般只研究每节课的"双基"目标。之所以会偏重知识技能目标，主要有两方面原因，一方面，受传统的"双基"教学目标观的影响，对"双基"目标的设计更为了解；另一方面，有些教师不太关注数学课程改革的要求，因此存在忽视学生的全面发展的问题。

第四节　案例分析：数学课堂教学设计技能应用策略及实训

一、在应用中应注意的问题[①]

（一）明确教学设计的目的

在传统的数学课堂上，整节课的重心是教师的知识讲授，这样往往会忽略学生对知识的吸收。有的时候，课堂上学生回答问题十分积极，看上去知识都已经掌握了，但是在活学活用中就会暴露出问题。所以，课堂的内容设计要抓住学生的注意力，对于知识的重难点要有针对性，直奔主题。

（二）通过设计使学生均衡发展

学生的个人能力、学习水平等的发展各不相同，课堂上教师很难照顾到每个学生，但是通过课堂教学设计可以解决这一问题。学习有困难的学生可以通过课下反复观看课堂视频进行学习，对课堂中出现的学习无趣、漏洞及时纠正、填补，从而缩小学生之间的差距。

（三）利用教学设计进行及时评价

对于根据学生课堂学习做出及时的反馈与评价，传统课堂中很难在有限的时间内做到。然而，教师通过教学设计，学生在课前预习之后，教师就可以在课堂中提问、学生解答，利用课堂时间巩固知识点。这样，教师根据学生的反馈情况，在课堂中可及时对学生做出评价。

二、教学技能设计要点

数学教学设计技能的练习，需要把握以下要点。

（一）把握教学目标的陈述方法

教学目标陈述模式为教学对象在一定条件下，完成某些行为，达到一定的水

---

① 柳春兰. 小学数学微课实施的现状及对策研究 [D]. 烟台：鲁东大学，2017.

平。因此，陈述教学目标，要体现教学目标的四个要素：行为主体（学生）、行为动词（了解、理解、掌握、应用、经历、体验、探索等）、行为条件（对学习情境、工具、实践、空间等的规定）、表现程度（行为的速度、准确性、质量）。例如，"长方形的面积"知识技能目标为：（学生）能借助透明方格胶片或带有方格的面积图，说出长方形面积等于它的长乘宽的理由；对给出的长方形和实物，能正确计算它们的面积。

（二）把握教材知识结构

数学教科书属于知识中心式中的学术理论浓缩型的教材，其知识体系比较严密。教材知识结构由现实情境、基本概念与基本原理、知识应用、内在联系构成。每节课的知识结构中，有需要重点学习的内容，也有相对较难的内容。

（三）把握课的结构

课的结构指课的组成及顺序、时间分配，是课堂教学的组织形式。一堂课的组成一般包括组织教学、复习检查、教学新知、巩固新知、结课五个部分。这五个部分对应于教学过程的感知、理解、巩固、运用、检查。在保证完成教学任务的前提下，各组成部分的时间分配可适当灵活机动。

在"生本理念"的指导下，实践中可以根据教学内容的不同，将数学课分为感受课、练习课、概念课、计算课、应用题教学课、复习整理课和测试评价课等七种课型。根据不同的课型安排不同的教学顺序及选用不同的教学结构，可以是"以教师为中心的教学结构""以学生为中心的教学结构"或者"主导主学的教学结构"。然后根据不同的课型合理分配时间，如果是应用题教学课，可以将时间分配为组织教学 2—3 分钟，复习检查 4—6 分钟，教学新知 20—25 分钟，巩固新知 8—12 分钟，结课 3—5 分钟。

（四）把握教学模式

不同理念引导下有不同的教学模式。例如，赫尔巴特主张以教师为中心，把教师摆到学生心灵塑造者的位置，他提出的五步教学法是预备、提示、联想、总结、应用。作为一位经验主义者和实用主义者，杜威关注的是怎样才能使经验、行动更有效，他认为必须培养人的思维能力，掌握科学思维的方法，因此他提出的教学五步是：感觉到的困难；困难的所在和定义；设想可能的解决办法；通过推理，看哪一个假定能解决这个疑难；通过观察或试验，证实结论是否可信。现代还有"做中学"模式、"生本"模式、翻转课堂等模式。

2020 年，全国各地都开展了线上教学。但怎样的线上教学模式才更有效呢？我们创设了"5＋2"线上课堂教学模式。"5"即一份教案、一个微视频、一个PPT、一份练习卷再加一次直播；"2"即一份成绩报告单与一份教学反思。"5＋2"线上课堂教学模式流程图如图2-3所示。

图2-3 "5＋2"线上课堂教学模式流程图

经过实践检验，这种教学模式很好地解决了线上教学的诸多困难。比如，通过其他资源找到的微视频既可减轻教师自己制作视频的压力，又可以结合教师制作的PPT及QQ直播回放解决部分学生不能及时上线的问题；通过问卷星当堂检测能及时掌握学生的知识掌握情况及学生个性特征，也解决了教师线上改作业的困境。根据教学内容的不同，教师可以选择教学流程图中的任一位置作为一节课的起点。比如，在教学"倒数的认识"时，可以选择通过学生自主探究的方式边学边做问卷星的形式开始教学，通过后台数据分析情况，教师发布微视频给学生观看，看完后再次进行问卷星自我检测，对不懂的知识进行自我修正，最后教师再次通过后台数据分析了解学生的学习情况，对学生普遍存在的疑难点进行QQ直播答疑解惑。在教学综合运用运算定律进行简便计算时，可以选择QQ直播开始介绍一些解题技巧，然后通过问卷星检测学生对于技巧的掌握情况。在教学"田忌赛马"时，则可直接选择播放微视频进行课堂教学。

三、教学设计的实训

（一）建立教材全局观

通过教师访谈及实践中的听课、评课，笔者了解到，一些教师的教学设计中，教学内容与目标有明显的局限性，经常出现教学目标过大以及教学目标不吻合的现象，也有教学重难点不清晰，在课堂上该讲的没有讲、不该讲的反复讲的情况。究其原因，是教师对于所教学科的整体内容与目标没有全局观，教三年级的教师不知道四年级的教材内容有什么，教六年级的教师不知道哪些内容是学生学过的。这就导致教学设计仅仅针对本节课的内容，相关知识没有建立联系，在教学中既没有旧知识迁移也没有新知识拓展。如果是一名缺乏经验的教师，建议用以下步骤去建立自己的教材全局观。第一步是先通读教材。通读一遍小学 1—6 年级一共 12 册的数学课本，了解整个小学数学的教学内容布局特点及递进关系。如果时间不允许，至少要熟悉 12 册课本的目录，对于目录中生疏的课题需要到课本中去翻阅了解。第二步是通读义务教育数学课程标准，熟悉课程性质、基本理念、设计思路、课程目标以及实施建议等。第三步是做题，先做一遍六年级下册课本总复习中的所有题目，然后在每个学期开始前做一遍本学期所教那一册书上的所有题。第四步是看教师参考用书，以单元为单位先看一遍教师参考用书再行动。如果一位数学教师在进行教学设计前完成了上述四步，其教材全局观会得到很大提升，其教学设计肯定会更加合理。

（二）课前导学

培养学生的自学能力是培养学生具备终身学习能力的重要途径。可在学生已有的生活经验或知识经验的基础上设计导学案或者制作微课，通过其导入功能及课前学习任务单的引导，让学生顺利进入新知识环节，使导学案及微课起到搭桥铺路的作用，如回顾复习旧知识、问题的研究背景、引起学生的学习兴趣等，为课堂讲解新知识做好铺垫。例如，在五年级"长方体和正方体的认识"一课中，对长方体特征的认识是概念教学，所以，课前学生通过观看教学视频，知道了什么是长方体的面、棱、顶点，据此填写学习任务单，在课前就通过自主探究知道了长方体和正方体的特征，在课堂中学生直接汇报就节省了探究的时间，从而可以用更多的时间让学生去操作体验。课前让每一位学生用学具盒提供的小棒搭建出一个长方体和正方体，并且用纸片粘贴出一个长方体和正方体纸盒，如果感觉有难度也可以选用生活中原有的纸盒（如牙膏盒）先拆开观察，再重新粘贴的形式进行体验，让学生把新知识点与实物建立联系，这对其空间观念的形成有非常大的帮助。

（三）课中启发学生思维

课中应用的设计内容是本节课知识点中的衔接点、重难点或者疑点。它针对性强，能帮助学生完成知识内化，适用于学生自主学习、合作探究或利用视频进行点拨。学习后，教师适当引导，启发学生思维。例如，在五年级"圆柱的表面积"一课中，对于"圆柱表面积的推导"这一知识点，先让学生动手操作，然后将学生之前的操作、推导过程再演示一遍，边演示边回顾整理之前的学习过程，厘清圆柱与各图形之间的关系，帮助学生建立完整的知识体系。此课启发学生思维的教学设计关键环节在于操作、演示及与旧知建立联系。

（四）课后巩固所学知识

课后需设计少而精，但知识点覆盖较全面的习题，并配以答案的讲解点拨，让学生了解自己的掌握情况；还可以通过对错例的巧妙利用，对学生进行差异教学，从而有针对性地巩固本节课的知识。例如，在笔算小数加法时，可以设计这样的一组题目：

2.35＋3.32＝　　　　8.57＋4.36＝　　　　8.54＋3.79＝

0.35＋12.6＝　　　　25.37＋4.8＝　　　　16.87＋3.13＝

在上面的题组中，第 1 题是数位相同的，第 2 题是数位相同有进位的，第 3 题是数位相同但有连续进位的，第 4 题是数位不同的，第 5 题是数位不同且有进位的，第 6 题是数位不同有连续进位且末尾需要去 0 的。这样的一组题型设计基本达到了少而精，但知识点覆盖较全面的要求，后期再通过错例讲评，可以实现知识点的加深巩固。

（五）总结拓展，形成知识体系

总结拓展是学生回顾提升和梳理收获的舞台。在教学中，教师利用引导小结或运用思维导图等形式，对知识内容、表达方法、思维方式等进行有序的梳理，促进知识的系统化，有助于学生整体地了解一节课或一个单元或相关知识的要点，强化学生对知识掌握的程度。对于零散不连续的知识，教师应精简出学习的重难点及规律，帮助学生归类，顺利将知识纳入学生头脑，形成知识体系。这类课程设计一般在一节课下课前使用。例如，六年级下册总复习中的四则运算内容，可以根据减法是加法的逆运算，乘法是几个相同加数的和的简便运算，除法是乘法的逆运算的叙述，设计出下面的知识图谱，如图 2-4 所示。

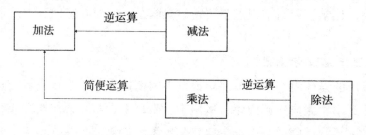

图 2-4　四则运算图谱

（六）及时评价，激发学习动力

通过谈话笔者了解到，很少有教师能把一节课中对学生的表现进行评价有意识地作为教学设计的一部分。虽然很多低段的教师在课堂上常以"加星星"等方式对学生的优秀表现进行记录和鼓励，但往往只是单纯的记录和简单的比较，有的甚至因为时间关系往往只是记录一下，下课不了了之，时间一长，教师和学生都对这样的评价麻木了，起不到真正的评价和激励作用。一节课的时间很短，不可能进行全面的评价，但对于课堂的亮点、精彩点和疑惑点要有意识地进行简要的评价。例如，通过今天的课堂，某某同学的课前准备进步很大，某某同学的发言特别有创意，某某同学在小组讨论中参与非常积极，某某同学的发言声音比以前有很大进步。这样的评价话语不长，用时很短，教师还很认真地在笔记本上记录下来，这对于学生来说既是表扬，又是努力方向的提醒。

第三章 案例分析下数学课堂导入技能探究

导入技能是数学课堂教学的重要组成部分，是教师进行课堂教学必备的一项基本技能。大量的数学教学实践表明，教师讲课导入得当，就能吸引学生的注意力，唤起学生的求知欲，燃起学生智慧的火花，使学生思维活跃，勇于探索，主动地去获取知识。反之，学生很难马上进入角色，学习不积极主动教学就达不到预期的效果。本章将从导入技能的概念、导入方法、课堂实施现状与具体应用几方面，对数学课堂中的导入技能进行剖析。

第一节 理解概念：什么是数学课堂导入技能

一堂课的开头，导语具有先声夺人之效，善教者往往从激发学生的"疑""趣""情"开始，设法诱导学生渴求新知。数学教学中的导入，是数学教学中的一个主要环节，导入得法，可以充分调动起学生的好奇、探究心理，唤起学生的求知欲望，从而顺利地进入课堂学习的最佳状态。

一、导入技能的概念

导入技能是指教师采用各种教学媒体和各种教学方式，引起学生注意、激发学习兴趣、产生学习动机、明确学习方向和建立知识联系的一类教学行为技能。这一意图性行动广泛地运用于上课之始，或运用于开设新学科、进入新单元和新段落的教学过程。

所谓"导入"，包括"导"和"入"两部分，可分别理解为"教师引导"和"学生进入"。导入技能是教师在进入新课时建立问题情境的教学方式，它包括引起学生注意、激发学习兴趣和动机、明确学习目标、建立知识间联系的教学行为。无论是开始新的学科、新的教学单元，还是一节新课，甚至教学过程中引发学生的思维活动，教师都必须发挥良好的导入技能，吸引学生的注意力，设立统摄全篇、辉映全堂的情境，对整堂课定出基调，使学生感到新的教学内容充满了无穷的趣味，具有引人入胜的奥秘，进而打开学生心扉，为下一步学生的思维活动充分活跃起来、课堂心理气氛达到高潮创造良好的教学条件。良好的导入技能虽是教学过程的开始阶段，但它是基于教师对整个教学过程和学生实际知识水平及数学理解的努力的通盘考虑，熔铸了教师的教学风格、智慧和修养，体现了教师的数学教学观念。否则，教学过程导入的盲目性和随意性，必然使学生在高度抽象的数学知识面前产生畏惧心理，失去学习数学的信心。

二、导入技能的目的

（一）通过导入激发学生的学习兴趣

学习兴趣是一个人力求认识世界、渴望获得文化科学知识的积极的意向活动，只有对所学的数学知识产生兴趣，学生学习数学的积极性和坚定性才会提高。古人云："知之者不如好知者，好知者不如乐知者。"说的正是这个道理，古今中外的科学家、发明家都是因对所探讨的问题有浓厚的兴趣，才获得最后的成功的。著名的物理学家爱因斯坦也曾说过："兴趣是最好的老师。"

新课的开始，教师如果能针对学生的年龄特点和心理特征，精心设计好一节课的导入，用贴切而精练的语言，正确、巧妙地导入新课，不仅可以激发学生对数学强烈的求知欲望，引发他们对数学的浓厚兴趣，而且能使学生全神贯注、积极主动地去接受新知识。

（二）通过导入鼓励学生开拓思维

好的导入可以点燃学生思维的火花，提升学生思维的广阔性，提高学生思维的灵活性。数学思维能力是数学能力的核心。数学课堂教学要重视培养学生的思维能力。如果数学课堂的导入能采用直观形象化的语言设计出富有启发性的问题，就可以启迪学生的思维，增长学生的智慧。因此，教师在数学课堂导入中，应把学习数学看作是一种培养学生思维能力的创造性活动。它不仅能够启发学生从不同的角度来思考问题，还能使学生在思维过程中体会到思考的乐趣，始终保持高昂的学习情绪。

亚里士多德（Aristotle）[①]曾经说过："思维是从惊讶和问题开始的。"一节课的导入由学生感兴趣的故事入手，在故事中通过创设问题情境，调动学生的主观能动性，激发学生的好奇心和求知欲，同时也能非常自然地导出本节课的主题。

（三）通过导入吸引学生注意

注意是心理活动对一定对象的指向和集中。人的注意力在高度集中时，大脑皮层上的有关区域便形成了优势兴奋中心，对所注意的事物专心致志，甚至会忘掉其余一切。人的注意力越集中，对周围其他干扰的抑制力就越强，因此，这时接收信息的信噪比特别高，信息的传输效率也最高，这时人对事物观察得最细致，理解得最深刻，记忆得最牢固。在一堂数学课的开始，选用适宜的数学导入方式，给学生较强的、较新颖的刺激，能帮助学生收敛与学习新课无关的一切思绪和行为，在大脑皮层和有关神经中枢形成对本堂课新内容的"兴奋中心"，使学生的注意力迅速集中并指向特定的教学任务和程序。学生的注意力在上课一开始便被深深吸引，就会兴趣盎然地期待接下来的教学内容，为完成新的学习任务做好心理准备。

（四）通过导入建立联系

美国著名的教育心理学家奥苏伯尔指出："影响学习的唯一重要因素，就是学习者已经知道的东西，要探明它，并据此进行教学。"[②]数学学科的知识逻辑性很强，新知识都是以旧知识为基础发展而来的。古人云："以其所知，喻其不知，使其知之。"这也说明了新知识和旧知识联系的重要性。因此，教师在讲授新知识之前，可以先组织学生复习原有的旧知识，引导学生从新旧知识的密切联系中，发现新旧知识的不同点及其内在联系，促使学生建立新旧知识间的密切联系，让新学知识建立在原有知识结构的基础上，使学习变得有意义。

总之，成功的导入不仅能"未成曲调先有情"，磁石般吸引住学生，集中学生的注意力，激起学生的求知欲，而且能有效消除其他课程的延续思维，使学生很快进入新课学习的最佳心理状态，还能让学生学习的思维由浅入深、由表及里，有层次地进行，有利于学生接受和理解新知识，为有效地完成数学教学任务创造必要的条件。

---

① 亚里士多德，古代先哲，古希腊人，伟大的哲学家、科学家和教育家之一，堪称希腊哲学的集大成者。他是柏拉图的学生，亚历山大的老师。

② 奥苏贝尔.教育心理学：一种认知观点 [M].北京：人民教育出版社，1994：7.

第二节　渗透内涵：数学课堂导入技能的类型

一、直观导入法

直观导入是指利用实物、教具（挂图、投影片、幻灯片、电影、录像等），引导学生直观观察、分析，引出新知识的导入方法。这种导入方式，建立在直观的基础上，引导学生通过各种感官直接或间接地感知具体事物的形象，使学生看到鲜明的表象，进而提出新问题，从解决问题入手，自然地过渡到新课学习；同时又有利于学生由形象思维过渡到抽象思维，为促成学生的抽象思维奠定感性的认知基础。

二、情境导入法

情境导入是指教师根据教学内容的特点，运用语言、音乐等手段，创设一定的情境渲染课堂气氛，使学生在潜移默化中进入新课学习的一种导入方式。乔纳森（Jonathan）在《学习环境的理论基础》一书中，对情境做过这样的描述："情境是利用一个熟悉的参考物，帮助学习者将一个要探究的概念与熟悉的经验联系起来，引导他们利用这些经验来解释、说明、形成自己的科学知识。"数学来源于实际生活，但其高度抽象性、严密逻辑性、应用广泛性往往令学生望而生畏，失去兴趣。创设适当的问题情境导入新课，可以激发学生的认知冲突，调动学生的积极性，使学生主动发现、探索、体验、理解数学。

三、旧知识导入法

旧知识导入法是以复习与新知识有关的旧知识做导入，是一种由已知求未知的导课方式。"温故而知新"，人们认识事物总是遵循由已知到未知、由低级到高级的客观规律。在新知识的学习中，教师抓住新旧知识之间的联系和区别，充分调动学生运用旧知识去分析新问题，通过自己的思考，主动地学习新知识。运用该种方法，既可以巩固旧知识，又能使学生对新知识的理解由浅到深、由简单到复杂，循序渐进；同时有利于用知识体系来启发学生思维，促进学生对新知识的理解和掌握。

四、故事导入法

故事是学生最喜欢的一种文字语言，它通过丰富的想象，让学生去经历某件事情、了解某个结果。所谓的故事导入，就是将学生难以理解的、不容易掌握的知识，融入故事中，让学生在倾听喜爱的故事的同时，解决难题、掌握知识。数学本身就是一门比较枯燥的学科，如何将数学课堂变得生动有趣，是每一位数学教师不断努力探究的问题。倘若在我们的数学课堂中，将无声的数学演绎成鲜活的故事，学生的注意力必定比平时集中，从而也能产生更多的智慧。

五、数学史导入法

数学史导入是指教师在开展教学活动前，利用数学史上的一些故事、趣闻、名人名题等来创设生动幽默、富有人情味和鼓动性的问题情境，激发学生的好奇心，从而唤起学生的求知欲，使学生能够积极主动地投入到即将开始的数学学习与探究活动中去。

众所周知，数学是研究空间形式和数量关系的科学，是刻画自然规律和社会规律的科学语言和有效工具。与其他学科相比，数学是一门历史性或者说积累性很强的学科。长期以来，数学课堂教学就是教师耐心地讲解本节课的知识点，学生认真地听。这种传统的课堂不利于学生思维的发展和思维能力的培养，更不利于学生视野的开阔与学习兴趣的培养。因此，在课程改革中，数学史导入被看作是理解和学习数学的一种有效方法。数学史对揭示数学知识的来源和数学发展的规律、激发学生的学习兴趣，有着不可替代的作用。

六、游戏导入法

游戏导入法就是通过与新知识有关的课堂游戏而导入本节课主题的方法。心理学家弗洛伊德指出，游戏是由愉快原则促成的，它是满足的源泉。好玩是学生普遍的特性。数学游戏融知识性、趣味性于一体，是一种极好的益智活动，深受学生喜爱。用游戏作为新课的开头，能集中学生的注意力，调动学生的积极性，让学生最大限度地参与到学习活动中去。

七、悬念导入法

悬念导入是利用一些违背学生已有观念的事例或互相矛盾的推理造成学生的

认知冲突，并且平息这种冲突的导课方式。古人云："学起于思，思源于疑。"在导入中巧设悬念，容易激发学生的好奇心和求知欲，使其思维处于一种兴奋状态，产生一种非弄清不可的探究心理，对培养他们的数学兴趣、纠正其旧知识中不正确的理解、建立新旧知识的内在联系具有很好的作用。但这种导课方式需要教师备课时精心设计、周密准备，对课堂上将会发生的事有充分准备，这样方能在实际教学中运用自如、引导贴切，不致使学生人云亦云、一头雾水。

八、实验导入法

实验导入是指设置以实验为主的多种探究活动，进而导入新课的一种导课方式。新课程标准强调丰富学生的学习方式，自主探究、动手实践、合作交流等都是学习数学的重要方式。开展数学实验，创设情境导入，不仅能使学生体验到科学研究的过程，营造数学思维和数学创新的良好氛围，更有利于激发学生学习数学的兴趣，强化其科学探究的意识，促进其学习方式的转变，培养学生的创新精神和实践能力。

课堂教学导入的设计并没有固定的方法，要根据教学目标、教学内容、教学环境、教学主体决定导入方案。兴趣是最好的老师，课堂导入若能引起学生的兴趣，将使学生对本节课所授内容产生强烈的求知欲望，对落实教学目标将起到一定的保证作用，因此，课堂导入对一节课的成败起着不可低估的作用。做好课堂导入，需要教师认真钻研新课标，经常反思自己的教学，努力学习，提高自己的素质，勇于创新，不断探究、摸索并付诸实践，这样才能做好导入，上好课，使新课标理念真正得以落实（下文将在第四节的实训中为这些方法举出实例）。

第三节　探索现状：数学课堂导入技能实施现状

一、数学课堂导入实施的问题

（一）方法的问题

1.方法运用不当，偏离应用原则

有些教师对课堂导入方法的理解不够准确，不能准确把握各个导入方法的应用原则，从而导致自身在运用课堂导入方法时出现偏差，不能使课堂导入方法的效果体现出来。

直接导入最大的特点是"开门见山"。导入语的设计应该重点突出，目的明确，语言简练。如果直接导入过程中言语啰唆，目的不明确，绕来绕去，不仅不能引导学生参与到课堂中，反而失去了直接导入本身的优势，使得数学课堂更加单调、乏味。

实践中，往往有些小学数学教师将直接导入理解为谈话导入，在新课开始前与学生进行一系列与教学内容无关的谈话。谈话虽然能够拉近与学生的距离，但是，谈话导入不是完全意义上的直接导入，真正的直接导入应该做到"开门见山"，上课开始之时就直接讲明本堂课的教学内容、学习要求和具体的教学目标。

2.方法固化，学习兴趣不足

结合不同的教学内容采用相应的课堂导入方法是因材施教的一个基本原则，也充分尊重了学生的学习发展特点。但是在教学中，有些教师常固化使用单一或几种固定的课堂导入方法，使得相同板块内容的课堂导入方法几乎是一样的，学生的学习兴趣不足。只有在不同板块内容的第一节课中，学生表现得比较兴奋。

课堂导入的设计在知识深度上必须具有可行性，在实施教学目标上要把握方向性，在设计的形式与内容上要增强趣味性，在思维训练上要具有启发性，在情感意志的培养上要具有引导性，为完成知识的传授、能力的培养及思想教育创造一个良好的开端。①

3.方法复杂，效率差强人意

对于相对复杂的课堂导入方法，有些青年教师的课堂掌控能力略显不足。对于活动法和游戏法，经常出现导入时间过长，导入环节课堂氛围过于活跃等情况，从而导致课堂失控。

课堂导入环节不可喧宾夺主，短小精悍是课堂导入的重要特点。数学课堂导入本身是一节课的开场不是主体，就像是一道菜里的调料，而非主食。只有短小精悍才能让学生在课堂开始之初就被牢牢吸引，太过冗长的课堂教学导入会丧失它应发挥的功能。张森林认为，导入新课的基本点是"导"，再结合数学学科的特性，课堂导入策略不能绕来绕去，造成课堂资源以及学生注意力的浪费。

---

① 余文森. 小学数学：名师魅力课堂激趣艺术 [M]. 重庆：西南师范大学出版社，2010：19.

（二）内容的问题

1.内容脱离教材与学生

教师课堂导入内容的选取要基于准确的学情分析。目前，由于有些教师对学生的学情分析不透彻，存在"伪学情"的认知偏差，教师想当然地认为学生会与不会，感兴趣与不感兴趣，对学生的了解不够深入，因此，课堂导入的内容往往脱离教材与学生。

2.内容冗杂

课堂导入还存在内容不精练、冗杂的问题，不便于学生理解，而且不能体现"短小精悍"的原则。由于内容不具有吸引力，学生听一会儿之后注意力开始分散，教师又极力想拉回学生的注意力，内容被教师在课堂中又重复了几次，导致课堂导入内容冗杂。

3.内容呆板无趣

有些教师在选取导入内容时，不能真正结合学生的兴趣特点，使导入内容呆板无趣。教师只是单纯地认为学生对可爱的事物会产生兴趣，很多导入内容都是以卡通动物之间的对话和实例展开。其实不然，现阶段的学生更早地接触了网络，对于流行游戏、流行手机软件熟悉，反而超出了教师对学生兴趣点的预判。

二、问题产生的原因[①]

（一）教师原因

1.导入缺乏科学性

虽然在素质教育的大背景下，要求学生全面发展不能片面追求分数，但是当今的数学课堂上仍然有一部分教师固守传统的教学观念。教师队伍中仍然存在为了教而教、为了成绩而教的观念。在此观念的影响下，这部分教师在新课教授的过程中忽视新课导入的巨大作用，直接进入新课教学。这种授课方式会使学生对新课的兴趣性大大降低，而且还会对后续的教学造成困扰，从长远来看不利于学生综合能力的培养及我国基础教育的发展。现代学生观认为，教学活动是学生在教师的引导下，不断发展、不断挖掘自我潜能的过程，教师应该认识到学生是发展的人、是独特的人、是教育活动的主体。在进行新课导入时应该在了解学生知

---

① 陈阳.小学低年级数学新课导入现状研究——以Q小学为例[D].曲阜：曲阜师范大学，2019.

识水平的基础上选择教学方法、设计教学过程，针对学生的数学思维方式，从学生实际出发设计新课导入，调动他们学习的积极性，使每个学生在新课导入的过程中均有所收获。

在如今数学新课导入的课堂上，我们仍然可以看到有些教师在教学过程中不能够根据学生的实际需求来设计导入内容，讲得过多、管得过死，采取较为专制武断的管理方式，以教师过多的讲授代替学生的思考，压抑了学生的创造性和主动性；根据计划好的程序按部就班地讲课，不注重学生的现实需求和兴趣……产生此现象的原因一方面是教师的学生观不足；另一方面是固守传统的教育观念，固执己见。

现代教学观认为，教师要引导学生在原有知识经验的基础上"生长"出新的知识经验，在教学的过程中对知识经验进行重新组织、转换和改造。在数学的新课导入过程中教师要准备与学生原有认知经验相符合的新课导入内容，使其在新课导入的基础上实现新旧知识的联系与转化。在实际的小学数学新课导入的课堂中，我们不难发现仍有一部分教师没有转变传统的教学观，在新课导入的过程中仍然是教师在讲，学生的参与非常少，他们没有重视学生原有知识经验和新的知识经验间的联系，也就不能在此过程中真正激发学生的学习兴趣，使学生从新课导入的环节就开始主动学习，主动促进新旧知识经验的联结与转化。

现代学生观认为，认识学生的身心发展规律有利于优化教学活动。不同的年龄阶段、学龄阶段的学生，对知识的理解能力和消化能力不同，在选用教学策略、教学方法时，必须同学生的身心发展规律和认知发展水平相一致。小学阶段学生的注意力较难长时间集中在一点上，他们在课堂上活泼好动、思维开阔，但是许多教师往往不能理解他们生性好动的性格特点，强迫他们将注意力集中到所要讲授的内容上。不少教师曾经有过这样的经历，他们感觉给小学生上课特别累，感觉他们乱讲乱动，不听指挥，一节课完成后往往筋疲力尽。另外一些具有现代学生观的教师却能够认识到这一年龄阶段学生的身心发展规律，根据这一年龄段学生的身心发展规律有针对性地设计新课导入的内容，如通过多彩的动画、图片、音频或实物进行新课导入，并在此环节就紧紧抓住学生的注意力，引起他们对新知识的兴趣。因此，对导入方法的选择要结合学生认知水平的接受性，以此来设计导入过程才不致引起学生的认知冲突，对后续新课内容的讲授和课堂纪律的维护作用都很明显。

数学导入观认为，在进行数学教学前要设计良好的新课导入，它可以在课堂教学的起始环节就使学生产生学习新课的兴趣，这对于新课的讲授有重要的意义。但在教师队伍中仍然存在一部分教师忽视导入的重要性。他们认为导入费时费力，所以新课导入这一环节往往草草了事，转而将注意力集中于下一阶段的新课内容讲授。也有一部分教师则过于看重导入的作用。他们将大部分精力和时间放在新课导入的环节，致使新课教学的其他环节难以有效发挥作用。这种导入观念是不正确的。教师应树立正确的导入观，遵循导入原则，组织新课导入，在新课导入的过程中把握导入的时间，针对新课的内容和新课的类型选择最有效的导入方法组织课堂教学，在正确数学导入观的指引下组织高效的教学。

2.导入技能水平不足

笔者在进行调查和访谈的过程中了解到，一些教师认为自己所执教的是小学低年级数学，难度低，故习惯用自己多年来所接受的专业知识来加强数学教育的逻辑性与系统性，而忽视了数学的基础性、趣味性和生活性。在新课导入的过程中，通过草草的导入引入新课，只教学生解题思路和练习题目，导致学生在新课教学的课堂上昏昏沉沉，对数学学习提不起兴趣。也就是说，对数学的学习并不只是基础知识和基本技能的掌握，重要的是在学习过程中体会到探索数学学习的乐趣，以此来寻求情感态度与价值观的更高层次的体验。整个过程的连贯性不可或缺地需要多学科的知识、新旧经验的知识形成知识体系。要想在教学过程中将所要用到的各类知识信手拈来，让学生信服，教师必须终身学习并具备较高的专业知识素养。但是，教师掌握的知识只"专"不"博"，具备了专业知识，但是不能够运用多学科的知识进行融会贯通，就会很难达到素质教育和核心素养对教师提出的要求，要想成为一个综合型、专业型、经验型的教师，要学会将不同的知识进行融会贯通，为自己和学生所用。

（二）学生原因

1.学生思维发散

小学生思维开阔，想象力丰富，特别是对于新课开始前的导入来说，教师预设的新课导入环节有时会引起他们无限的遐想，甚至想象内容偏离新课内容。在教师讲新课的过程中仍然念念不忘教师的导入内容，从而无法集中注意力学习新课。出现这样的情况，一方面原因是教师没有有效地引导，有针对性地及时过渡导入新课的内容；另一方面学生的思维开放性强也是重要的原因。这时，教师不应抹杀学生天真烂漫、开阔思维的天性，而应运用合适的导入方法，选取合适的导入内容加强引导、循循善诱，利用教育机制促使新课导入在既定的教学目标下顺利进行。

2.未能适应教学环境

世界上没有两片树叶是一模一样的，学生来自不同的成长环境，受到不同家庭教育方式的影响，由此产生的个性方面的差异性导致不同的学生对新环境的适应能力也不同。有些学生能很快适应新环境、新事物，建立对新事物的认知，并在新旧事物之间寻找联系与区别，在教师进行新课导入时，能够快速地投入教学活动，在整个课堂教学中跟着教师的思路积极探索数学知识；而有些学生对教学环境的适应能力相对较弱。在进行课堂观察的过程中，经过整理学生上课之后的反应状况笔者得知，并不是每个学生一听到上课铃就能安静坐好，积极投入到课堂活动中，在这种情况下，有吸引力的新课导入对于学生来说尤为重要。

第四节 案例分析：数学课堂导入技能应用策略及实训

一、导入技能的策略

数学课堂导入环节类型多种，导入方式多样，如何根据具体课型和教学内容选择合适的导入方法，还需注意数学课堂导入技能应用的基本策略。

（一）定向导入策略

上课铃响后，如何迅速将课前还在进行各自活动的学生的思维，定向在本节课要学习的任务上并激发学生主动思考，是课堂导入要解决的首要问题。因此，无论课堂导入方式如何多样，最终选用哪一种具体的导入方式，都应以定向策略为指导性原则。

所谓定向策略，是指让学生的思维定向到即将开始的教学内容上，为学习新课做好积极认知准备的策略。一般地，高效率的课堂导入环节的时间，短则一两分钟，长也不过五六分钟。虽然，有的课堂有可能在一堂课快要结束时才指出本节课的主题，常常以"这就是我们今天学习的内容×××"解释出来，但是这样的课堂一般在开始几分钟之内，教师总会提出一些问题吸引学生去解决，或计算，或推理，或探究，然后在师生进行课堂小结时才导入本节课的主题，此时导入的主题起到了画龙点睛的作用。

俗话说，良好的开端是成功的一半。学生在课前的活动和各自的思维状态多种多样，上课伊始，教师需要及时把全班学生的注意力凝聚在一起，集中到新的课堂教学上来，定向到即将开始的教学内容上，并让学生做好积极思考的准备。例如，一位教师在教授"多位数的读法与写法"时的课堂导入。课前教室一片闹哄哄，上课一开始，教师大踏步走上讲台，在用目光扫视全场后（有小部分学生安静下来），没有像平时一样先讲话，而是直接拿出粉笔，在黑板上写了几个很大的数：5780000 和 2050607。然后教师提问："这种数，你们会读吗？怎样读这种数和写这种数呢？今天我们就来一起学习'多位数的读法和写法'。"教师不是用平常组织教学惯用的"上课！""起立！"的方式开始一节课，而是先用目光巡视全场，示意即将开始上课，然后在黑板上写下学生平时没有见过或者见过但不知该怎么读的大数。这种开门见山的导入方式，吸引学生注意力的除这些数以外，也有教师反常的组织方式，然后教师再通过提出问题，把学生的思维定向在本节课要学习的内容上。

课堂导入中的"定向"，本质上就是"导入"。导，顾名思义就是通过教师的"导"引导学生进"入"新课学习的情境。如果设计的导入不能启迪学生积极的思维，这样的导入就成了"导"而不"入"。

（二）激思导入策略

课堂导入，不仅要能迅速吸引学生的注意力，还要能激发学生学习新课的兴趣和求知欲望。因此，有效的课堂导入要针对课堂教学目的采用具有启发性的导入语言，或者蕴含本节课主要任务的问题情境启发学生积极思考。

在教学"比的基本性质"时，教师先带领学生复习商不变的性质，再复习分数的基本性质，然后提出问题："同学们！根据比与除法、比与分数的关系，你们能说出比的基本性质吗？"

这样的导入以启发学生思维为立足点，促使学生把学习的新内容和学过的旧内容联系起来，针对知识的不同点提出问题，激发其思维上的冲突，促使学生积极主动地探究和学习。

在上例中，"比的基本性质"虽然属于新知识，但它与以前学过的旧知识"除法"以及"分数"有着密切的联系，只要学生能把知识联系起来，就自然而然地能说出比的基本性质了，并且在之后的知识运用中，学生充分通过知识迁移，能更好地应用比的基本性质。我们来看看三个基本性质的叙述。

商不变的性质：被除数和除数同时乘以或除以相同的数（0 除外），商不变。

分数的基本性质：分子和分母同时乘以或除以相同的数（0 除外），分数的大小不变。

比的基本性质：前项和后项同时乘以或除以相同的数（0除外），比值不变。

学生在教师的引导下对比观察三个基本性质的叙述就很容易发现，它们的本质都是一样的，只是各部分的名称发生了改变。这样的教学方式能使学生更轻松地掌握新知识。

导入是为了使学生积极主动地关注和思考新的学习内容，是为了便于学生更好地理解和掌握新的内容。课堂导入的材料，有的是教学内容的重要组成部分，有的是教学内容的必要补充，还有的虽然从内容上看关系不大，但它能够延伸到即将学习的新内容，也是教学内容讲授和学习的有机组成部分。在紧扣教学内容的前提下，教师将一节课所要学的内容巧妙而自然地引导出来，把教学的目的巧妙而自然地传递给学生，才能有效激发学生的思考，学生才会产生真实的问题。因此，课堂导入环节的导入材料，切忌胡编乱造。

（三）体验导入策略

高效的课堂导入是关注学生的生活经验和情趣、能够激发学生丰富的情感体验和积极思维体验的导入。

一般而言，能够激发学生丰富的情感体验和积极思维体验的课堂导入选用的素材，对学生而言，新颖但不陌生，陌生但不枯燥，熟悉但能引出新问题；创设的情境有趣但不做作，熟悉而不乏味；导入的方式自然而不生硬，有教师的陈述也有学生的互动；导入的语言通俗但不浅薄，简洁而不含混；导入的时间紧凑而不啰唆。因此，运用课堂导入技能时，需要考虑运用的课堂导入材料能否有效激发学生的情感体验，是否关注学生的生活经验，是否选择学生身边的、感兴趣的事物，引出相关的数学问题；设计的导入情境是否与时俱进，是否努力为学生创设一个生活化情境，让学生在生动具体的生活情境中开始数学学习，体验和理解数学；导入方式是否因材施教，有效激发学生的情感体验；导入的语言是否通俗易懂、清晰明了，富有启发性和感染力；导入的时间是否简短，迅速把学生的注意力吸引到课堂教学的重点和关键点。例如，在教学"圆的认识"时，教师先抛出一个问题："同学们！你们知道轮胎和下水道的盖子为什么都要做成圆的吗？"学生从小就知道圆形在生活中处处可见，但为什么要做成圆的呢？这正是一个新颖但不陌生、熟悉但能引出新问题的导入，激起了学生求知的欲望，使学生迫切地想知道原因。那么就通过本课的学习去寻找答案吧。

在教学"两步计算的混合运算"时，教师可以这样导入。

师：同学们，如果你在校园里同时遇到了校长和班主任，你会先向谁问好呢？

生：校长。

师：为什么？

生：因为校长的级别高一些。

师：如果你遇到的是两个校长一前一后向你走来呢？

生：谁走在前面就先向谁问好。

师：为什么？

生：因为他们两人的级别一样，那肯定是先看见谁就先向谁问好。

师：同学们的理解非常正确。今天我们所学的知识跟刚才所说的问好规则非常相似。（板书课题）

为学生创设一个生活化的情境，让学生先对问好的规则有较充分地感知，然后再进行混合运算顺序的教学。这让学生在生动具体的生活情境中开始感悟、体验和理解数学，学生理解起来非常容易，并且课堂显得很轻松。

二、导入技能的实训

（一）直观导入法的实例训练

1. 教学目标分析

了解平移的特征，能发现特殊图案的共同特点，并根据这个特点绘制图形；能发现、归纳图形平移的共同特征；学生经历观察、操作、探究、归纳、总结图形平移基本特征的过程，发展他们的抽象概括能力。体会从数学的角度理解问题，并能综合运用所学的知识和技能解决问题，发展应用意识；学生经历操作、实验、发现、确认等数学活动，感受数学活动充满的探索性与创造性，促进他们主动地探究。

2. 教学重、难点

教学重点：如何通过动手操作引发学生对图形平移的特征进行再探究；如何正确做出图形的平移并发现规律。

教学难点：如何把握具体问题中的图形平移问题；理解图形平移的性质。

突破难点的关键：设置恰当情景，激发学生的探索欲望；通过演示操作，归纳出图形平移的性质，加深对图形平移性质的理解。

3. 教学过程

师：请同学们一起来欣赏老师用电脑课件画的这个图案，如果让你们来画，能不能快速地把它画出来？

（学生有的轻轻地摇头，有的还在思考）

师：那么就请同学们来看一下老师是怎样快速地把这个图案画出来的。首先老师观察到这个图案有一个特点，它是由7个形状大小相同的正六边形组成的，所以老师就先画出了一个正六边形，然后再把它沿着一条直线方向移动到上面这条边和下面这条边重合，就画出了上面这个正六边形。相同地，老师把它沿着一条直线方向移动到下面这条边和上面这条边重合，就画出了下面这个正六边形。那么依此类推，（多媒体展示图形的平移）老师沿着不同的直线移动不同的距离以后就画出了其他的图形。快不快？如图3-1所示。

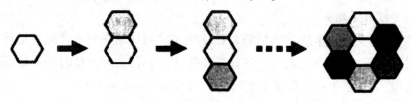

图3-1 图形的平移

生：快。（学生恍然大悟）

（二）情境导入法的实例训练

1. 教学目标分析

使学生理解按比例分配的意义；掌握按比例分配应用题的特征及解题方法；培养学生应用所学知识解决实际问题的能力。

2. 教学重、难点

重点：掌握按比例分配应用题的特征及解题方法。

难点：按比例分配应用题的实际应用。

3. 教学过程

师：同学们，你们分过东西吗？

生：分过。

师：六（1）班体育老师周老师要把14个篮球分给男、女两组同学进行练习，你们能帮周老师分一分吗？

生$_1$：男同学7个，女同学7个。

生$_2$：我也是男同学7个，女同学7个。

师：大家一样多，这样的分法我们叫作"平均分"，大家有没有不同意见？（学生表示没有）

师：可是六（1）班的男同学却有意见了，因为男同学有24人，女同学只有18人。那怎么办呢？

生：这样不太合理，因为男同学人数多，他们就应该多分点。

师：那到底给男同学分几个呢？女同学会不会有意见呢？有没有合理的分配方式？

生：我觉得应该按人数的多少通过计算去分配。

师：我也赞成大家的意见，这里按人数的多少去分配，也就是按人数的比去分配。这就是我们今天要学习的新内容：按比例分配。

（三）旧知识导入法的实例训练

1. 教学目标

让学生通过观察、操作、分析和讨论，找出拼接前圆形和拼接后图形各个部分之间的联系，从而推导出圆的面积计算公式。

2. 教学难点

如何激发学生的求知欲，启发学生利用转化的思想，而不是毫无头绪、漫无目的地动手操作来推导圆的面积计算公式。

3. 教学过程

师：同学们，请观察老师在黑板上画出的这个圆，如果半径用 r 表示，周长 C 怎么计算呢？

（回忆圆的周长公式，看似与圆的面积没有关系，实际上推导圆的面积计算公式离不开圆的周长计算公式，它是新知识的基础。这样可以在巩固学生旧知识的基础上，增强学生学习数学的信心。在复习公式时，教师没有用学具，而是在黑板上画圆，这是通过学生边回答、教师边板书的过程加深学生对图形与公式的印象）

生：$C = 2\pi r$

师：周长的一半呢？

生：$\dfrac{C}{2} = \pi r$

师：如果有一张圆桌，要为它铺上一块布，问至少要铺上多大的布才能把圆桌盖住呢？这实际上是求什么？（多媒体展示题目）

（以学生熟悉的生活情境，即在圆桌上铺一块布，引出本节课的学习内容。问题的难度一步步加深，形成认知上的冲突，无法解决新问题，使学生陷入困

惑，激发他们对新知识的求知欲）

生：圆的面积。

师：非常好。谁来用自己的话说一说什么是圆的面积？

（唤起学生对"面积定义"的记忆，并且引导学生凭借自己的理解概括出"圆的面积的定义"）

生：圆的面积是指圆形所占的平面空间的大小。

师：请同学们拿出自己的学具，用手摸一摸，感受一下圆的周长和圆的面积的区别。

师：请同学们思考一下，怎么求圆的面积呢？（板书题目：圆的面积）

生$_1$：我们可以用转化的方法试一试。

生$_2$：我感觉可以用剪拼的方法，因为我们之前学过的平行四边形、三角形、梯形都是用剪拼的方法得到计算公式的。

（学生学习数学知识的过程，实质上是新知识和学生已有知识经验中的旧知识建立联系的过程，之前所学的多边形面积公式都是通过转化成某种已学过的图形来推导出它们的面积计算公式的。类比这种转化的方法，让学生动手操作，继而推导圆面积的计算公式。这样设计是把切割、增补的方法调出来，作为本节课的"切入点"，为引进新知识做铺垫，形成正迁移。能化生为熟，化难为易，获得好的教学效果）

师：说得真棒！我们将图形切割成若干部分，再进行增补，最后拼成我们熟悉的图形。请大家看看这个圆纸片，我们该怎么切割、增补呢？

（接下来，学生在教师的指导下，分组互动，动手操作，将圆切割成16等份，观察、拼图，并分析和讨论拼后图形形状，进而推导圆的面积计算公式。最后利用公式进行简单的面积计算，并解答有关圆面积的实际问题）

运用旧知识导入法要注意的是学生对于旧知识一定要掌握熟练，在课前教师要充分了解学生对旧知识的掌握情况，同时进行必要的复习，要达到旧知识张口即来，新知识呼之欲出的境界，这样旧知识导入法才能真正起到作用。

（四）故事导入法的实例训练

1.教学目标分析

"用字母表示数"是第五单元"简易方程"的起始课，是从算术到代数的重要转折点，是由常量数学到变量数学的开端，是学习"简易方程"的基础，更是今后初中数学知识的基础，帮助学生进一步建立符号化思想，将使学生的数学知识结构产生一次质的飞跃。它比较抽象、枯燥，学生刚开始接触该知识点感觉有些难。如何更好地既依据教材，又创造性地使用教材，挖掘丰富的课程资源，创设富有思考性和趣味性的活动情境，引导学生真正参与到课堂中来，主动建构，体验过程，获取新知，落实"四基"①能力的培养是需要进一步探究的问题。

知识技能：结合具体情境，使学生学会用字母表示数，并懂得简单的含有字母的式子的含义。

过程方法：通过探索活动，感受用字母表示数的重要意义，发展学生的抽象概括能力。

情感态度：学生在自主探索、合作交流中获得成功的体验。

2.教学重、难点

教学重点：字母代替数字的概念，如何设置未知数，设置未知数后该怎么列式；学会就生活中的实例简单列式。

教学难点：对数学的理解。学生的困难是从个别到一般的抽象化的思维过程，帮助学生进一步建立符号化思想。

突破难点的关键：利用故事导入，使课堂生动有趣，结合实际，激发学生的学习兴趣；采取由浅入深的启发诱导，随着教学内容的深入，让学生一步一步地跟着动脑、动手、动口，在合作交流中培养学生学习的积极性和主动性，使学习方式由"学会"变为"会学"。

3.教学过程

完成字母与生活相关的一系列导入。如可用 M 表示麦当劳，用 P 表示停车场，扑克牌中用 Q 表示 12 等，让学生充分感受生活中可用字母来表示很多事物，包括数字或者是未知数。

师：星期天上午，妈妈带张华乘公交车去玩。爱思考问题的他发现，上车时，车内投币箱内原来有 n 元，他们一块上去 3 人，每人投币 1 元，现在共有 25 元。那么原来箱里有几元呢？

生：$25-3=22$ 元。

师：你是怎么想的？

生$_1$：原来有 n 元，再加上 3 元，等于 25 元。

生$_2$：列式就是 $n+3=25$！

---

① "四基"是指数学的基础知识、基本技能、基本思想、基本活动经验。

师：所以 n 等于……？

生：$25-3=22$ 元。

师：上车后，车上一共有 h 人，到了水产市场门口他们一共下去 5 人，现在车上有 30 人。该怎么列式呢？

生：（回忆刚刚的经验） $h-5=30$ 人。

师：没错，h 代表什么？

生：车上原来的人数。

师：来到水产市场，首先映入眼帘的是可爱的小金鱼，每袋装有 a 条鱼，3 袋一共有 18 条。这个列式有点难度哦，谁能告诉老师该怎么列？

生：$a \times 3 = 18$ 条。

师：来到市场口，有一家刘香记饺子馆，他馋得直流口水，妈妈问："想吃不？想吃可要先思考问题：锅里面有 m 个饺子（ m 为整十数），每盘装 10 个，可以装 6 盘。"

生：$m \div 10 = 6$ 盘。

师：回答正确。妈妈带他吃了饺子回家后，他和父母一块看体育频道，在这场篮球赛中，小姚叔接连投中 x 个 3 分球，得了 12 分。同学们知道 3 分球吗？

生：（兴奋地说）就是在 3 分线外投中一个球，得 3 分！

师：看来你还是个篮球高手哟！这个式子该怎么列呢？

生：$x \times 3 = 12$ 分。

师：不错，列了这么多式，谁能告诉老师你们是怎么想到的？

生：将字母当成数字。

……

设计意图：在这个环节设计富有趣味性、针对性与层次性的练习，使枯燥的数学教学充满了活力，同时给学生提供了一个广阔的思维空间，真正体现了"人人学有价值的数学，不同的人在数学上得到不同的发展"的理念。

（五）数学史导入法的实例训练

1.教学目标分析

知识与技能：通过用七巧板拼图的活动，初步认识平行四边形，进一步熟悉学过的平面图形。

过程与方法：通过拼摆图形，体会图形的变换，发展空间观念。

情感、态度与价值观：在学习活动中积累对数学的兴趣，培养与同学的交往、合作意识，在动手动脑的过程中发展想象力，培养创新意识。

2.教学重、难点

教学重点：引导学生利用七巧板拼出不同形状的图案。

教学难点：探索如何用七巧板摆出不同的图案。

突破难点的关键：设置恰当情景，激发学生的探索兴趣；采用自主探究、合作交流的教学方法，归纳出七巧板的拼接步骤，加深学生对图形的理解，培养学生的协作精神与合作意识，激发学生的创新精神。

3.教学过程

师：七巧板是中国著名的拼图玩具，传统的七巧板是从我国宋代的"燕几图"演变而来的，设计原理出自西周时代的"勾股法"，距今已有3000多年，最后成熟于明末清初。

"七巧"的来源："乞巧"这个词最早出现在周朝，当时有这样一种风俗，每年农历七月初七的晚上，也就是牛郎、织女鹊桥相会的时候（中国的情人节），姑娘们用线穿针，看谁先穿过去，优胜者说明她"心灵手巧"。这种传统风俗习惯被称为"乞巧"，也就是"乞求巧运"，因此，"七巧"一词最初是用来预测运气的。

请拿出七巧板，看一看，数一数，你发现了些什么？

生：有七块。

师：我们一起来数一数。演示。（板书：7个）

师：为了更好地区分这些图形，请你们来分分类。

生：三组，第一组三角形，第二组正方形，第三组平行四边形（但有大部分学生还不知道这是什么图形）。

师：有哪位小朋友有不一样的分法呢？

师：今天我们就来认识这个新的图形。

（教师板书：认识新图形——平行四边形）

从七巧板里提出平行四边形，请学生观察它和谁看起来像，但又不同在哪里？（它有4条边，4个角，但不是四四方方的。）

师：这个图形叫作平行四边形。来，让我们和它打个招呼：hello，平行四边形！

师：数一数三种图形，你有什么发现？

生：三角形最多，有5块；正方形、平行四边形最少，各1块。

师：知道了七巧板由三种图形组成，有 7 块图形，那你仔细看看哪些图形一样大呢？

生：1 号和 2 号，4 号和 6 号，如图 3-2 所示。

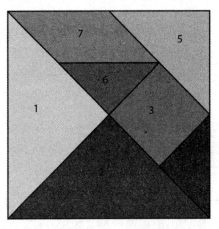

图 3-2　七巧板

师：你有什么办法证明它们两个完全一样大呢？

生：重叠（全班操作重叠）。

师：我们一起来回顾一下关于七巧板的知识。（引导学生复述）

设计意图：让学生运用已学知识结合自己的理解来了解七巧板的组成，进一步熟悉学过的平面图形并初步认识平行四边形。这不仅使旧知识得到复习，还使学生意识到知识是互相联系的，同时培养学生的观察能力。

（六）游戏导入法的实例训练

1.教学目标

知识与技能："统计与概率"要求学生基本了解概率的可能、一定与不可能，理解概率的概念和意义。明确事件 A 发生的概率是否确定，与事件 B 发生的概率可能性的区别与联系。

过程与方法：通过学生自主实验、归纳、总结来收获新知识，感受数学与实际生活密切相关的重要性，激发学生用数学知识来解决实际问题的兴趣，以及提高动手操作的能力。

情感、态度与价值观：让学生体验从身边得到数学规律的成就感，在解题中感受生活中数学的存在，体验数学的探索性和创造性；增加学生合作学习交流的机会，让学生积极参与到数据的收集、分析、整理与描述的数学活动中，在体会概率意义的同时感受与他人合作的重要性。

2.教学重、难点

教学重点：事件的分类；概率的统计定义以及和可能性间的区别与联系。

教学难点：理解概率中的一些性质；用概率的知识解释现实生活中的具体问题。

3.教学过程

师：同学们，老师现在手中呢，有红、黄、白三个乒乓球，这三个乒乓球除了颜色不一样，它们的大小形状都相同。现在，请问同学们，你们喜欢哪种颜色的球呀？

（有的同学喜欢红球，有的同学喜欢黄球，还有的同学喜欢白球。于是用这三个乒乓球来做一个游戏：把这三个乒乓球放入这个空盒子中摇摇，然后请一个同学上来摸出一个球，看是不是他想要的那种颜色的球。）

师：有谁愿意上来玩这个游戏呀？

生：我！我！

师：小明同学，你喜欢什么颜色的球呢？

小明：我喜欢黄球。

师：好，那现在请你闭着眼睛摸出一个乒乓球。

（小明没摸到黄球）

师：嗯，有点可惜呀，小明摸出了一个红球，可能他有点紧张。不过没关系，同学们，我们再给小明一次机会好不好？（将球放回盒子）

生：好！

师：好，那老师再给你一次机会，让你再摸一次，第二次你可要加油哦！

（小明摸到黄球）

师：很好！这一次你终于拿到黄球了。我们把掌声送给小明，请小明同学回到座位。同学们，刚才小明同学第一次摸到红球，第二次才摸到他喜欢的黄球。那我们想想为什么第一次摸不到而第二次摸到了呢？如果继续摸下去，还会不会摸到黄球呢？

生：不能确定，因为可能摸到红球，可能摸到黄球，还可能摸到白球。

（找另一个同学代替小明再次尝试，不凑巧在第四次才摸到黄球）

师：也就是说，当盒子里有一红一黄一白三个乒乓球时，从中摸出一个黄球这样的事情是可能发生，也可能不发生的。

（教师偷偷把盒子里的球全部换为黄球，不让学生看到，请小强同学上来摸球，他每次都摸到黄球）

师：小强同学，你知道为什么你一直摸到的都是黄球吗？同学们，你们也来说说，这是怎么回事呢？

生：盒子里只有黄球！

师：对了。你们看！我在盒子里装的都是黄球，所以每次都能摸到黄球。也就是说，在盒子里全是黄球的情况下，摸出黄球是一定会发生的。（再变换一次条件，不让摸球的学生看到，后来学生怎么都摸不到黄球）

师：同学们，为什么这次不能摸到黄球啊？

生：因为盒子里没有黄球。

（教师把盒子里的球取出来，全都是白球）

师：小强同学，盒子里没有黄球，你又怎么可能摸到黄球呢！我们来分析刚才最后一种情况，刚才最后的条件是盒子里有什么颜色的球呢？

生：全都是白球。

师：嗯，在盒子里全都是白球的条件下，摸出黄球会不会发生啊？

生：一定不会发生。

师：噢，同学们，通过刚才的游戏，以及我们对三种情况的分析，我们发现，对于摸出黄球这个同样的事件，它在不同条件下发生的可能性截然不同。有的可以确定是否发生，而有的却不能确定。具有如此奇妙特征的事件其实在我们生活中还有很多很多。在数学中，我们又是如何去严格定义具有这样特征的不同事件呢？这就是我们今天要学习的新内容。

（七）悬念导入法的实例训练

1.教学目标

"含有括号的混合运算"，这一教学内容是四年级下册关于混合运算的一个知识点。学生已经掌握了既有加法或减法，又有乘法或除法的两步运算的运算顺序，对于含有小括号的混合运算学生还没有接触过，因此，教师在实际教学中根据四年级学生的认知水平充分做好各种准备，为让学生体会括号在混合运算中的作用，真正理解并会正确使用小括号和中括号，在教学过程中设置悬念。

2.教学重、难点

教学重点：掌握带括号混合运算的运算顺序。

教学难点：体会括号的作用，能够自行列有括号的算式来解决实际问题。

3.教学过程

师：有一道神秘的混合运算题，有的同学的计算结果是16，有的同学的计算结果是12，有的同学的计算结果是24，还有的同学的计算结果是3。但老师说，只要我使出一个小魔术，这些结果就都是正确的。你们想不想试一试这道神秘的计算题啊？（老师一边说一边把四个结果写在黑板上）

生：想。

（教师出示例题4：96÷12＋4×2让学生根据已有的混合运算的知识和经验尝试计算。教师巡查发现尝试的结果是大部分同学的结果是16，少部分学生的结果是24，没有人得出12和3的计算结果）

师：小张同学，老师发现你的计算结果是16，你来说一说你是怎么计算出来的？（学生边说教师边板书，以形成规范的书写板式）

生：我是先算除法再算乘法，最后算加法，计算出来的。96除以12等于8，4乘2等于8，8加8等于16。

师：你们同意小张同学的说法吗？

生：同意。

师：我也同意。小雨同学，老师发现你的计算结果是24，你来说一说你是怎么计算出来的呢？

生：（因为有了老师前期的结果是24也是正确的导语，学生并不因为老师认同了前面学生的发言而显得没有自信）我是先算除法再算加法最后算乘法，也就是按照从左到右的顺序计算出来的。96除以12等于8，8＋4等于12，12乘2等于24。

生：（有不同声音）……

师：怎样使一个小魔术可以使这个计算结果变为正确呢？

生：在12＋4的地方增添一个小括号就可以了。

师：很好。那同学们小组讨论并尝试计算一下，另外的两个答案12和3，又是怎样计算出来的呢？

（学生经过几次尝试成功得到正确结果）

设计意图：这一教学活动的设计，重在引导学生认识小括号和中括号，并知道小括号和中括号的作用。教师没有开门见山就题讲题，而是有意设置了悬念，让学生带着疑惑和兴趣先自行尝试练习，然后再根据"小魔术"的指引去了解括号的作用，让学生加深了印象并很好地突破了教学难点，特别是突显了学生学习的主体地位。

（八）实验导入法的实例训练

1.教学目标

知识和技能：在情境教学中，通过探索与交流，逐步发现"三角形内角和定理"，使学生亲身经历知识的发生过程，并能进行简单应用；能够探索具体问题中的数量关系和变化规律，体会方程的思想。通过开放式命题，尝试从不同角度寻求解决问题的方法；教学中，通过有效措施让学生在对解决问题过程的反思中，获得解决问题的经验，进行富有个性的学习。

过程和方法：通过拼图实践、问题思考、合作探索、组内及组间交流，培养学生的逻辑推理、大胆猜想、动手实践等能力。

情感、态度和价值观：在良好的师生关系基础上，建立轻松的学习氛围，使学生乐于学数学，遇到困难不退缩，在数学活动中获得成功的体验，从而增强自信心，在合作学习中增强集体责任感。

2.教学重、难点

教学重点：探索"三角形内角和定理"的实践操作和几何证明；会运用三角形的内角和定理初步解决几何中的简单计算问题。

教学难点：三角形内角和定理的证明方法（添加辅助线）的讨论。

3.教学过程

师：前面我们已经认识了三角形（板书：三角形），请大家回忆一下，三角形按角分类有哪些呢？（学生边说教师边板书：锐角三角形、直角三角形、钝角三角形）

（接着让学生拿出自己事先准备的三角板，在小组内讨论每个三角板上三个角的度数）

师：（进一步引导）三角板三个角度数和是多少呢？我们这节课一起来研究有关三角形内角和的知识。（板书补充主题：内角和）看到这个主题，你们有什么问题想提吗？（接着学生提出了一些自己的问题，教师经过整理后和学生讨论）

师：我们先来解决第一个问题：什么是三角形的内角？（三角形中每相邻两条边所夹的角，也就是三角形内的三个角）

师：第二个问题：三角形的内角和指的是什么呢？（同桌相互说一说）

（师拿出两个三角板，如图3-3所示）

师：它们是什么？

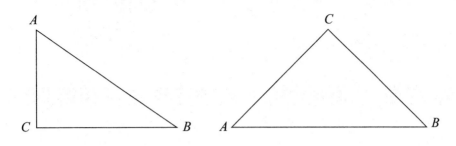

图 3-3　直角三角板

生：直角三角板。

师：请大家拿出自己同样的两个三角板，根据刚才同学说的三个角的度数，求出这两个直角三角形的内角和。

学生们能够很快求出每块三角尺的三个角的和都是 180°。

师：其他三角形的内角和也是 180° 吗？

师：同学们能通过动手操作，想办法来验证自己的猜想吗？请同学们拿出准备好的三种（直角三角形、钝角三角形、锐角三角形）三角板，在小组内选出一种三角板先测量出每个角的度数，再算出它们的内角和，把结果填在表 3-1 中。

表 3-1　三角形内角调查表

三角形的名称	∠1	∠2	∠3	内角和的度数
锐角三角形				
直角三角形				
钝角三角形				

第四章 案例分析下数学教学语言技能探究

语言是人类最重要的交际工具，也是人类的思维工具、传播思想的媒介。课堂教学离不开语言。课堂教学语言是教师向学生传授科学知识，教师与学生之间用于思想交流，启迪学生思维、开发智力、陶冶情操，并进行思想政治教育的最主要工具，同时也是维系师生之间情感的重要纽带。本章主要阐述了教学语言技能的概念、如何运用教学语言技能、教学语言技能的实施状况，以及如何正确应用数学教学语言技能等，以期取得好的教学效果。

第一节 理解概念：什么是数学教学语言技能

一、数学教学语言的概念

教师在课堂上呈示教学信息、阐明教学内容、组织学生讨论与练习、传递学习期望、激发学生学习热情等，都要运用语言。有效教学研究结果表明，教学语言的清晰度和学生的学习效率呈正相关关系。其中，语速会影响学生的思维水平，语的（语言指向目标的准确性、严谨性）会影响学生的理解，语趣（语言的趣味性）会影响学生的兴趣，语式（语言格式）会影响学生的思考，语音会影响学生的情绪。

由于数学教学比较重视解答、演算、证明及其书面表达，相对来说对数学思想与数学语言的口头交流关注较少，加上不开设独立的数学语言课，因此，多数学生不会谈论数学。随着年级的升高，学生需要交流的数学越来越复杂、抽象，需要运用的交流工具、方法以及助推交流的数学推理越来越精深，这必然要求数学教师具备高超的语言技能。数学课堂教学中的语言形式，主要有口头语言、书面语言、体态语言等。

二、数学教学语言的特点

数学教学离不开教学语言这个有力的手段，教学语言是教师教学的基本功和必要素养。教师的教学语言修养良好，就会"不是蜜，但它可以黏住一切"，常常可以为教学锦上添花，使教学更上一层楼；教师的教学语言修养不高，就会"茶壶里煮饺子——肚里有货倒不出"，从而直接影响教学效果。

（一）有很强的科学性

语言表达的科学性应体现在准确性、逻辑性和系统性上。

第一，准确性就是要求说话明白，概念应用确切，否则就会导致概念模糊，造成判断模棱两可。例如，"解方程"与"方程的解"中的"解"意思完全不同，前者应理解为一个动词，表达解决的意思；后者应理解为一个名词，表达答案或结果的意思。语言表达不准确还可能导致谬误。如"两条直线不相交就一定平行"，这个论断在平面几何中是成立的，但在立体几何中就是错误的结论。原因在于表述这一结论时丢掉了必要的前提条件"在同一平面内"。准确是我们在运用数学语言时不可忽视的问题，否则可能导致科学性错误或给学生造成理解上的困难，产生不良的教学后果。用数学语言表达数学问题或阐明数学结论的准确性，要求达到增加一个字符则多余、减少一个字符则含义不清的效果。当然，对教学问题或结论的解释则另当别论。

第二，逻辑性要求，即说话要严谨周密又言之有理，言之有据。例如，长方形、正方形、菱形是特殊的平行四边形，它们具有平行四边形的所有性质。又如，证明 7 是质数，因为"一个数只能被 1 和它本身整除，这个数就是质数，而 7 只能被 1 和它本身整除，所以它是质数"。这样的证明符合逻辑性要求，因而整个证明是正确的。假如教师的语言缺乏逻辑性，就会造成推理上的错误。例如，"因为 $ac>bc$，所以 $a>b$"。

第三，系统性要求，即说话要条理清楚、前后连贯。要做到语言准确精练，就要认真备课，熟练掌握教材，并掌握好各部分的衔接，深入钻研数学理论问题。只有这样，才能锤炼出准确和精练的语言。数学教师只有通过学习与钻研，不断提高自身的数学素养，才能逐步完善运用数学语言的技能。例如，两个数相除又叫作两个数的比，教师要紧紧抓住"又"字进行展开教学，通过这个"又"字学生很快能理解比与除法只是名字与写法不同，本质是相同的。对几何图形的位置关系表达既要清楚又要规范，如点与圆的位置关系有点在圆上、点在圆内和点在圆外三种，不能把"点在圆内"说成"点在圆里"。

（二）能够启发学生的思维

语言的启发性就是要求教师的语言能启发学生的积极思维。古人说："话令人惊不如令人喜，令人喜不如令人思。"曾有人说过："平庸的教师只是叙述，好教师讲解，优异的教师示范，伟大的教师启发。"

如在讲解"圆的特性"时，教师可如此来启发学生的思维。

师：车轮为什么做成圆的？

生：能滚动。

师：（画出正方形和长方形）看来大家说的是对的，不做成这样的形状，就是因为它们不能滚动。那么，为什么不做成这种可以滚动的形状呢？（画扁圆形）

生：（会感到问题的幽默，活跃起来）滚动起来不平稳。

师：为什么不平稳呢？

生：……

这就引发了具有生机的"愤悱"状态，同学们都知道问题所在，但却找不到恰当的语言表达。其数学结论是：同一个圆的半径都相等。

要想使语言富有启发性，教师除了熟练掌握教学内容、不断丰富教学语言外，还要充分了解学生的学习状况、思维程度，使学生"跳一跳，摘到桃子"。

（三）生动形象的直观性

语言表达的直观性体现在生动和形象两个方面。语言的生动性要求教师在抓住教材的本质进行分析的同时，语言要幽默、生动、有趣，以消除学生思维的疲劳，唤起学生的求知欲和学习热情。语言的形象性要求教师将抽象的内容尽量具体化，深奥的道理尽量形象化，联系实际、深入浅出，善用比喻使枯燥的知识趣味化。

（四）有节奏地表述内容

教师语言的节奏性是指教师语言要快慢得当，声调要有轻重缓急，使学生听起来感到抑扬顿挫，条理清楚，富有感染力。同时，声音大小适中。一般说来，教师讲课的声音应使第一排学生听了不刺耳，最后一排学生听起来不吃力。教师的语言节奏，要依据教学内容及课堂上学生情绪来确定，讲到重点、难点或关键的地方，语言速度要放慢，语气要加重，要稍有停顿，以便学生思考和领会。

（五）用身体语言辅助表述

教师正确的姿态可以增强语言的表达效果。如配合讲课内容做出相应的手势与举动，可以增强语言表达效果；同时，教师脸部的表情、目光的转移、动作的停顿等都会起到辅助语言的作用。教师的视线要注视全班学生，既不能只面对课本、教案，也不能只面对黑板。教师的视线要尽量环顾班内的每一位同学，通过视线与学生交流信息，得到反馈。同时，教师的情绪要乐观、饱满。

三、数学教学语言的目的

（一）准确传递知识

语言是信息的载体，是一切数学教学活动的最基本的行为。通过教学语言可以引导学生观察所研究的对象或现象最本质的方面，科学地、清楚地、有效地传递知识信息。教学中大量活动需要通过语言的表达和交流来实现，数学教师只有使用规范的、准确的数学教学语言，才能使学生扎实地掌握基础知识。数学教学语言水平与教学效果是直接相关的。数学教师的讲解若含糊不清，则会对学生学习的效果产生直接的影响，所以，准确、清楚地传递知识信息是数学教学语言的基本功能，也是数学教学语言训练的基本要求。

（二）组织优化好课堂教学

使用恰如其分的语言可以明确学生思维的指向，集中学生注意力；用鼓励性的语言可以激发学生的求知欲望，调动其学习积极性；用激发强化的语言可以引起学生学习的兴趣，稳定课堂纪律；用发自肺腑的教学语言可以实现师生的情感交流。总之，通过丰富的语言表达可以恰当而有效地组织课堂教学。例如，在教学时，某学生迟到了，还故意大声喊"报告"。这样的声音吸引了所有正在静心听课的学生的注意力。这时教师说："伟大的人物总是迟到的！同学们，让我们以热烈的掌声欢迎某某同学入场！"这位同学在全班同学的注视和掌声中回到自己的座位，心情肯定难以平静。

该教师用间接性提醒的语言轻点几句，虽没有直接训斥，却能让受评判者在众人的眼光中认识到自身的错误，这样还能警诫其他同学，如此便可以恰当而有效地组织课堂教学。

（三）激发学生的学习兴趣

兴趣是学生学习的向导，是情感的体现，能促使动机的产生，是发明创造的源泉。数学教师可以利用巧妙的语言，促进学生情感迁移，培养学生热爱数学的情感。古人云："感人心者，莫先乎情，莫使乎言。"就是说要避免空洞无物、枯燥无味、呆板无力的语言。因此，数学教师要善于锤炼自己的数学教学语言。生动活泼而又富有趣味性、幽默性的教学语言，往往能激起学生的学习热情。例如，在"立体图形"的教学片段中，教师可以这样组织语言。

师：不识庐山真面目，只缘身在此山中。大家对于陪伴我们学习、呵护我们成长的大教室，是否注意过它？

生：（微笑摇头）没。

师：（还之以笑）这我是知道的，大家向来上课是不分心的。不过，今天我们还真得分分心，来认真看一看我们的教室里都有哪些立体图形？

生：（学生边看边随口说道）正方体、圆柱体、长方体、球体……

师：我们认识周围的物体，往往先从它们的几何结构特征，即边、面、体的角度把握它们。今天，我们一起跨入立体几何的大门，来领略空间中的数学美。

……

（四）发挥语言表达的示范作用

教师的教学语言对学生来说是最具体而直观的示范，对培养学生的语言能力起着重要的作用。因此，作为数学教师，要教会学生用规范准确的语言表达自己的思想，用完整简练的数学术语说明概念、解释原理。优秀的教师，在教学中能对学生产生潜移默化的影响，使学生从自觉或不自觉地模仿教师，到自己灵活地表达，逐步提高学生的语言表达能力

教师语言的逻辑性，也直接影响学生思维的逻辑性和语言表达的条理性。很难想象一个语言条理不清、啰啰唆唆的教师，能培养出语言流畅、表达层次分明、条理清楚的学生。因此，教师加强教学语言技能的训练，以提高教学语言的示范性，是十分必要的。例如，在"两步计算的混合运算"教学中，可以根据观察—发现—判断—结论的步骤培养学生的说理意识和能力。比如，$4 \times 9 \div 6$ 这道题，可以这样说：四乘九除以六里面有乘法和除法，乘法和除法的级别相同，要按从左到右的顺序计算，因此先算乘法再算除法。

在"单位换算"的教学中，因解题步骤较多，更需要用规范准确的语言培养学生的说理能力。教师可以设置下面一句话，让学生以填空的形式进行模仿说理。

（　）化成（　），是由（　）级单位化成（　）级单位，单位变（　）数变（　），应该（　）以进率（　），小数点向（　）移动（　）位，结果是（　）。如，3.85立方米＝（　）立方分米，学生应该这样说：（立方米）化成（立方分米），是由（高）级单位化成（低）级单位，单位变（低）数变（大），应该（乘）以进率（1000），小数点向（右）移动（三）位，结果是（3850）。

经过长度单位、面积单位、质量单位、体积单位、容积单位等的练习，学生对于单位换算的说理模式必然有深刻的烙印。

（五）实现师生间的情感交流

课堂教学是师生的双边活动，教师在传递知识信息的同时，必然伴随有师生的情感交流。教师的语调、节奏、语气的变化，或舒缓平稳，或慷慨激昂，或优雅闲谈，或委婉动人，或欢快昂扬，或庄严郑重，凡此种种，均可有效地表达教师的情感、情绪，影响到师生间的情感交流。在此基础上形成的师生间的心理联系，又反过来影响知识信息交流的效率。

我国著名的特级教师于漪也曾说："教师的语言要深于传情。语言不是无情物，情是教育的根。教师的语言更是应该饱含深情。带着感情教，满怀深情说，所教的课、所说的道理就能在学生中引起共鸣，从而心心相印。"[①]例如，在"轴对称图形"的教学片段中，教师的结束语（伴着美妙的《千纸鹤》纯音乐）如下：

同学们，大自然对于对称的创造，远远不止于此。仰望苍天，俯瞰大地，在拥有生命的地方，只要你细心观察，何处没有对称的足迹？看花丛中翩翩起舞的蝴蝶，那天际中翱翔的大雁，抑或在长空中横跨的彩虹、秋日里片片翻飞的枫叶，以至于我们每一个人，微笑时绽开的笑脸，何处不蕴含着对称之美？有人说，是因为美，大自然才选择了对称，那么同学们深入地想一想，这当中，真的仅是因为美吗？

拥有此特点的数学教学语言，宛若一首优美的散文诗，让学生不仅感受到对称的美，也感受到数学的美，以及教师身上所散发的人格魅力。

第二节　渗透内涵：数学教学语言技能的类型

数学课堂教学语言日益受到人们的关注与重视，尤其是数学学科的严谨性，更使得掌握精准的数学课堂语言尤为重要。数学课堂中所使用的语言包括日常语言、教学语言、数学语言。

---

① 于漪.浅谈教师语言的魅力 [J]. 师范教育，1994(3)：17—25.

一、数学教学语言

（一）日常语言

语言是一种特殊的社会现象，是人类不可或缺的交往工具，也是人类的思维工具，同时也为课堂教学和数学交流提供了基础。

数学课堂教学中，教师所使用的日常语言，是数学教师为了顺利开展数学课堂教学活动，而进行的课堂管理与组织、发出指令、提出要求等活动的语言。这些日常语言在数学课堂教学中，起着至关重要的作用，可以保证课堂教学秩序，处理教学中的突发事件，把学生的注意力与行为活动引向教学焦点活动上来等。日常语言是数学课堂教学中最基本、最一般的起点层次语言，也是数学教师首先要达到的层次。比如，"同学们好！我们开始上课！""请同学们安静！""请同学们看黑板！""大家同意这位同学的意见吗？"等。

（二）教学语言

教学语言是教师在课堂教学中进行教育、传递知识和技能等信息，交流思想方法，激发情感等教学行为活动的媒介和载体，是一种专业的教学工作用语。它主要用于课堂教学过程的组织、教学内容的衔接、对学生学习的评价等方面。

教学语言既不像日常用语那样随便、口语化，也不像书面语言那样有规范的句式，缺少弹性，正式而呆板。

教学语言是语言科学性、思想性和艺术性的有机统一，是口头语的提炼、书面语的加工，具有独特的特性。教学语言首先要保证准确性、科学性；要注意将学术性的理论知识转化为具有教育性、教学形态的、学生可接受的教学语言进行传授；教学语言遣词造句要规范、简洁；教学语言还具有启发性、诱导性和主导性；情感态度要亲切、自然、朴实、真诚；教学语言要把握好声音、语调、语速以及节奏；教学语言还应注意个性化和教学的针对性。总之，教学语言是多种语言风格的融汇，可以说是一门综合的语言艺术。

我们可以根据教学功能和作用，将教学语言分为课堂组织的教学语言、系统讲授的教学语言和辅导协助的教学语言。

1.课堂组织的教学语言

课堂组织的教学语言，是实施教学活动过程中，教师为了顺利完成开课导入、过渡、提问、反馈、评价、结课等教学环节，并引导和组织学生的思维和学习行为向着教师期望的方向发展，而采用的教学用语。各个教学环节相对应的有开课导入语、过渡语、提问语、评价语和结课语。①

导入语，又叫导语、开讲语，俗称开场白，是教师在讲正课之前围绕教学目标而精心设计的一段简练的教学语言。导入语虽然简短，却是课堂教学的一个重要环节，具有不可忽视的作用。因为它是直接为教学新课做准备的，教师要想把处于非学习状态的学生分散的思维一下子聚拢起来，激发他们的学习欲望和学习兴趣，教师就得把握好新课的导入。良好的课前导入，能给学生以启迪，提高他们整个智力活动的积极性，从而更好地接受新知识，并在此基础上进行联想、质疑、分析，从而进行创造性学习。

过渡性教学语言，是课堂教学过程中，在不同教学内容、不同知识点、不同问题或不同教学环节之间起承上启下作用的教学用语。一堂数学课是由教师将几方面知识内容组合而成的，之所以能形成一个有机的整体，是因为这几方面内容在组合衔接上常常有独到的妙处——设计过渡语。名师的课，几乎每一节都行云流水，天衣无缝，其中一个重要原因，就是他们善于精心设计和运用课堂过渡语。

提问语是教师依据教材和学生的问题而提出的询问，是教学口语中使用最广泛、最普遍的用语。提问语的运用要注意教学策略：一是面向全班；二是因人而问；三是不可逼问；四是问有沟通；五是语气要把握好。

评价语，是教师对学生回答问题、学生练习、小组讨论、学生板书和讲演等各种学习行为及其产生的学习结果做出恰当评判的教学用语。评价语对学生的学习具有明确的导向性、深刻的启迪性和诚恳的激励性。评价语主要有肯定语、鼓励语和批评语三种形式。无论哪一种形式，都必须进行客观、实事求是的评价。

肯定语如"你回答得很好！""你回答得非常正确！""老师非常赞同你的想法！""你的回答很有想法！""同学们为这位同学精彩的回答鼓掌！"等。

鼓励语有"别紧张，慢慢想，慢慢说。""不着急，考虑清楚再说。""再想一想，还能有更好的方法吗？""你能自己找出错误并改正吗？"等。

批评语是教师通过语言对学生的不良性格和行为进行否定评价，使学生省悟、悔过、反思，提高认识的一种教学用语。教师恰当地批评能让学生心悦诚服地接受，积极改正；反之，会让学生自暴自弃，既达不到理想的教育目的，又会给学生的心灵带来伤害，因此教师批评语应讲求艺术性。②

结课语又称课堂教学结尾语，断课语，是指一堂课或某一教学环节、阶段将

---

① 韦志成.教学语言论[M].南宁：广西教育出版社，2001：142.

② 许翠敏.浅谈教师批评语的艺术[J].新课程学习（社会源合），2011（4）：81.

要结束时教师对前面的教学进行巩固和强化所用的总结性语言。课堂结束语多种多样，和教无定法一样，结束语的选用要因人因时因地因教材而定，不可拘泥一格。

2. 系统讲授的教学语言

在课堂教学中，传授知识、培养能力、发展智力是教学的主要目标，这些目标都需要通过教师系统讲授的行为来实现。系统讲授的教学语言是教师运用最广泛、最主要的教学语言。

系统讲授的教学语言可分为讲析语、描述语、点拨语和高潮语。

（1）讲析语

讲析语是指教师在课堂上对教学内容进行系统连贯的讲解分析的教学用语。在运用讲析语时，要注意运用思维相互联系的过程与方法，将所要讲解分析的教学内容分解成学生容易理解的较简单的组成部分，找出这些组成部分之间的区别和关系，或者从不同的角度分析问题，甚至可以通过反例来说明解释。

（2）描述语

描述语是指教师在教学中将有关内容描绘和叙述出来的话语，以增强学生的理解和感知。根据主体的行为，可将描述语划分为观察描述、想象描述、回忆描述等。在选择具体的描述方式时，要根据授课对象、教学内容、学习材料和所要阐明的观点来确定。

（3）点拨语

点拨语是指课堂教学中对教学内容画龙点睛，对教学问题进行提示、释疑，或对学生进行启发的话语。点拨语可以使教学过程更加顺畅，解决课堂教学中的生成问题和突发状况，是课堂教学用语当中的催化剂和润滑剂。

（4）高潮语

高潮语是指课堂教学中对重要的知识点、能力训练点和情操陶冶等方面的问题进行强调的话语。在课堂教学的关键环节，使用高潮语可达到落实重点、突破难点、集中学生注意力、提高学生学习主动性和积极性的目的。

3. 辅导协助的教学语言

辅导协助的教学语言是指教师在教学中针对学生学习的实际情况，给予集体或个人帮助和开导的教学语言。集体辅导教学语言，是教师面向全班学生进行辅导所讲的教学语言。个人辅导教学语言，是教师针对学生的个性特点进行个别辅导和教育的教学语言。

（三）数学语言

数学语言是以数学符号为主要词汇，以数学公理、定理、公式等为语法规则而构成的一种科学语言，它和日常语言一样是人类思维长期发展的成果。[①]作为一种表达科学思想的通用语言和数学思维的最佳载体，数学语言是严格的数学科学语言，也是数学学科特有的语言。根据表述的不同形式，可将数学语言分为数学符号语言、数学文字语言、数学图形语言和混合型数学语言。数学语言的特点是抽象、准确、严密、简明。由于数学语言是一种高度抽象的人工符号系统，因此，它常成为数学教学的难点。一些学生之所以害怕数学，一方面在于数学语言难懂难学，另一方面是因为教师对数学语言的教学不够重视，缺少训练，以致不能准确、熟练地驾驭数学语言。因此，作为数学教师，必须加强数学语言技能的训练，同时也要重视学生对数学语言的学习。

1. 数学符号语言

数学符号语言是由数学符号构成的数学语言。具体地说，一些数字、字母、元素符号、运算符号和关系符号等，按一定的法则构成的各种数学表达式，就是数学符号语言。具体符号及其表示含义和名称如下。

①数字符号：0，1，2，3，4，5，6，7，8，9。

②运算、关系符号：+（加），-（减），×（乘），÷（除），:（比），=（等），≠（不等），≈（约等）……

③特定数量符号：π（圆周率）。

④表示数量的字母：a，b，c…x，y，z（变量）

⑤多边形元素：a，b，c…（边）A，B，C…（角）。

此外，还有几何图形符号、希腊字母符号、集合符号、省略符号、命题符号、排列组合符号等其他符号。以上这些符号都是初等数学中常见的符号性语言数学。数学中大量的数学事实、大量的恒等变形、数学计算、数学公式、数学定理等所使用的都是数学符号语言。

2. 数学文字语言

数学文字语言是指完全用某个民族的文字所叙述的数学事实。数学书籍、数学论文以及数学教材中的定义、定理的纯文字表述的语言，就是典型的文字型数学语言。例如，用数学文字语言表述的数学事实或数学概念，"在同一平面内，

---

① 叶雪梅. 数学微格教学 [M]. 厦门：厦门大学出版社，2008：86.

不相交的两条直线互相平行"；"两个数相加，交换加数的位置和不变，这是加法结合律"；"把一个分数化成和它相等，但分子和分母都比较小的分数，叫作约分"。

数学文字语言在数学教学中大量使用，而且年级越低，数学文字语言使用得越多。

3. 数学图形语言

数学图形语言是用图形来形象表达数学对象和数学关系的一种特殊语言，它是数学语言的一种具体表现形式。在数学中，数学图形语言也像数学符号语言和数学文字语言一样具有表述数学事实的作用，而且比数学符号语言和数学文字语言更直观、更形象，更有利于理解和记忆。借助图形语言，可以弥补数学符号语言和数学文字语言的不足。例如，老师教的儿歌："1像铅笔来写字，2像小鸭水中游，3像耳朵来听话，4像红旗迎风飘……"

4. 混合型数学语言

混合型数学语言，是使用多种不同的数学语言混合在一起共同进行表述的一种数学语言形式。这是数学教学中更为广泛使用的数学语言。例如，"抛掷一粒骰子，出现'向上的点数为6'的概率为$\frac{1}{6}$"，这是用符号语言与文字语言混合的数学语言表述的数学事实。行程问题的解决中通过简单的线段与数字去表示数量以及数量之间的关系，是用图形语言、符号语言与文字语言混合的数学语言表述的数学事实。

二、三种语言技能间的转换方法

数学教学中，日常用语、教学用语、数学用语的交替使用，体现了表述的转换，形成了课堂教学的节奏。从日常用语到教学用语，再到数学用语，体现了学生从生活经验到学习经验，再到数学概念的抽象历程。形象地说，学生上一节课就好比爬一座山，他们的起点在山脚的平地上，日常用语就是他们所处的平地。当学生开始沿着或缓或陡的山路攀爬的时候，依赖的是数学教师教学用语的帮助。最后目标是山顶，就是数学用语所承载的数学内容、思想与方法。如果把学生已有的知识经验作为自发性概念（日常用语为主），把学生要学习的数学内容、思想与方法作为科学概念（数学用语为主），那么在自发性概念与科学概念之间的落差就是学生的"最近发展区"（教学用语为主）。

课堂教学中的日常用语、教学用语与数学用语三种语言有着相对比例，曹一鸣通过对三位数学教师课堂教学语言的分析发现，尽管每位教师在课堂上的话语量不等，但是三位教师所使用三种语言的相对比例大体一致，大约是 2∶5∶3。也就是说，教师在课堂上的话语量因人而异，但要达到良好的教学效果，这个比例基本是确定的。因为，若日常用语太多，则课堂语言缺乏"数学味"——远离数学；若数学用语过多，则课堂语言缺乏"生活味"——远离学生的经验。

对于教学过程中三种语言的转换方式，曹一鸣在研究中发现，数学教师的课堂语言是按若干相对独立的组块并行组织起来的，组块内各种语言的使用方式是不同的，这种差异反映了课堂语言转化的客观规律。其中的转换方式有以下几种（三种语言的组织以数学用语为核心，完成一段数学用语则通过教学用语过渡转入下一话轮）。

方式一：日常用语 1→教学用语→数学用语 1→教学用语→日常用语 2……

主要发生在课堂开始的引入阶段，这种方式与情境创设有着一致性。从日常用语切入，为课题陈述提供现实背景，激活学生已有经验，然后通过教学用语逐步过渡到数学内容之中，并以数学用语表述，接着用教学用语对数学用语加以解释，随后过渡到日常用语，进行话轮转换。

方式二：教学用语→数学用语 1→数学用语 2→教学用语→日常用语 1……

常用于基础较好班级的上课开始阶段或用于由两个数学问题构成的同一数学内容的教学中。该方式先运用教学用语回顾先前知识，随后运用数学用语陈述当前数学问题，接着继续利用数学用语进入下一个数学问题。完成两个数学问题后，运用教学用语缓冲，直至过渡到用日常用语陈述的实际应用或具体例子中。这里的两个问题之间难易差别不大，且有共同的实际意义。运用时要把握这一点。

方式三：教学用语→数学用语 1→教学用语→日常用语 1→日常用语 2→教学用语→数学用语 2……

适用于在两个问题之间渐进转换的情况。两个问题的难易程度差异较大，或者两个问题之间的联系比较松散。由于第一个问题比较简单，因而运用教学用语引导，进而过渡到运用数学用语讲述第一个问题，接着运用教学用语解释，随后运用日常用语返回到现实中。在现实中运用日常用语引出另一个实际问题，然后通过教学用语过渡到第二个问题，并以数学用语加以陈述。方式三有利于将两个在内容或结构上联系松散的问题自然地联结在一起，起到降低难度的作用，同时让课堂教学节奏呈现变化。

方式四：教学用语→数学用语1→教学用语→数学用语2……

常用于例题、习题讲解中。其典型特征是教师的语言在教学用语与数学用语之间交替转换。这种比较规则的"小幅震荡"方式，构成一种与现实世界隔绝的语言群。该方式有助于数学基础好的同学高效地学习数学内容、思想和方法。

数学教学中，教师在日常用语、教学用语与数学用语之间的转换，体现了对学生经验世界与数学科学世界的关照，既凸显了由现实世界逐步抽象，进入数学世界的数学化过程，也突出了由数学世界不断阐释，进入现实世界的数学应用过程。教师用语的不同转换反映了实际问题数学化与数学问题生活化两个相反但又互补的趋势。对此，曹一鸣总结道："在教学策略上，教师们都在努力从生活中的问题入手，创设一些实际情境，抽象出数学概念和原理，实现日常问题数学化的目标，这无疑是引导学生建构他们认知结构的有效手段，使他们觉得数学是发自自己先期已经获得的知识和生活经验基础上的；另一方面，把数学概念、数学思想方法融入实际生产生活中，即数学问题生活化，教会学生数学地思考问题，这也正符合'问题解决'的教学要求。这个过程，使数学知识和日常生活建立起密切的联系，增加学生数学学习的主动性和趣味性。"①

第三节　探索现状：数学教学语言技能实施现状

一、数学教学语言应用中出现的问题

笔者主要通过对课堂教学观察，以教师课堂教学语言的基本要求框架为评判准则，对教师课堂教学语言所存在的问题展开调查研究，并进行归类整理。通过调查分析，笔者发现教师在课堂教学语言表达方面存在或多或少的问题，根据数据统计，对现存问题进行具体阐述与分析研究。

（一）教学语言不够规范

1.表述不清

绝大多数教师在课堂教学中，能够比较完整地阐述数学概念、定理、运算法则等方面的知识，很少出现话说一半、含糊其辞的现象，这也是教师课堂教学语

---

① 曹一鸣.数学教学中的"生活化"与"数学化"[J].中国教育学刊,2006(2)：46—48，58.

言的基本要求之一。但是根据课堂教学观察记录可以发现，在数学语言表达的正确性方面，存在一些问题。教师经常会出现将生活语言与数学语言混淆的情况，也就是没有用完全准确规范的数学语言进行教学。例如，有的教师经常会把高级单位与低级单位说成"大单位""小单位"。

2.未能对生活语言与数学语言进行区分

虽然数学语言的表达与生活语言息息相关，但是生活语言并不能代替数学语言，应该将两者作出严格区分。例如，教师在讲授"角的分类"，涉及"锐角""钝角""直角""平角"等数学专用名词时，部分教师的课堂教学语言是这样区分锐角和钝角的：我们通常把这个大于90°的大角叫作"钝角"，把小于90°的小角叫作"锐角"。有时候教师在指导学生的时候还会说"你这个直角画得一点也不直"。例如，有些数学教师在讲解"单式折线统计图"时，将锯齿线表达成波浪线，也是直接用生活语言代替了数学语言，表达不正确、不规范。教师在讲"线段"的时候，不能称线段两端的点叫顶点，而应该称为"线段的端点"。

3.阐述不够精确

对于教师而言，为了方便学生的理解，通常都会用生活语言解释晦涩难懂的数学定理，但是对数学定理的阐述过于口语化就会影响到数学语言的精确性。例如，在讲授"三角形的初步认识"这一节课时，教师对三角形下定义时，会说"由三条边组成的图形是三角形"，这种数学语言的表述是不准确的，因为三条边组成的图形可能是三条不相交的直线，准确的应该是"由三条线段围成的图形（每相邻两条线段的端点相连）是三角形"。又如，"等腰三角形的定义"是"两边相等的三角形"，不能随意说成"两腰相等的三角形"。

这些问题的出现都是因为有些数学教师将生活语言与数学语言混淆了，最终影响了课堂教学中数学语言表达的准确性，也无法通过规范的数学语言对学生起到良好的示范作用。

（二）教学语言缺乏简洁性

1.课堂教学语言过于烦琐

数学教师的课堂教学语言不同于语文教师，它不需要教师的语言滔滔不绝、出口成章，而是要用最简洁明了的语言，将那些"难以言说"的知识点讲明白，揭露数学的本质。但是，笔者在课堂观察中发现，部分数学教师课堂教学语言烦琐累赘，可能是因为他们觉得数学知识本身就很抽象，学生不太容易理解，因此，他们在课堂教学中总是将某个定义、定理、概念、公式、运算法则等一遍又一遍地讲解，就怕学生理解不了。然而，有些学生却说："本来听懂了，但是现在好像又不懂了。"所以，数学教师课堂教学语言烦琐累赘往往容易让学生抓不住学习重点，并且疏远了知识点之间的联系，也让学生体会不到数学简洁明了的特点。

2. 表述重复啰唆

数学教学的语言表达贵在言简意明，而不是讲得越多越细越好。有些教师总怕学生没听懂，讲课时语言重复啰唆，特别是对于一些难点，更是反反复复地讲解，但又讲得不透。这样，教学效果往往适得其反，不仅无益于学生对教学内容的理解，反而会使学生愈感糊涂。要当好一名合格的小学数学教师，一定要注意不能养成重复啰唆的语言表达习惯，讲课要深入浅出，干脆利落，抓住要领，用精练的语言启发，占据学生的思维。教师表述重复啰唆的原因有多种，有的是教师自身音量不足，学生听不清；有的是教师语言设计不准确，学生听不懂；有的是教师不了解学生，自以为学生没听懂所以反复强调；有的是教师组织能力不强，课堂纪律吵闹，导致需要重复表述，才能让更多的学生听清楚等。

（三）教学语言呆板无趣、单一化

教师课堂教学语言的趣味性是指教师的课堂教学语言要生动形象，富于情趣，像吸铁石一样牢牢吸引住学生的注意力。一般在刚开始上课时，小学生的注意力还比较集中，也能够跟教师很好地互动并且反馈他们的想法，但是一般在15分钟之外，学生的思维就开始涣散，注意力不集中，特别是在数学课上，需要学生主动配合教师的教学，积极主动地思考。但是有些学生就是不参与课堂活动，自己做自己感兴趣的事情。因此，这就要求教师在教学过程中，要注重以趣味性的课堂教学语言让学生的注意力始终保持在听课上面。

（四）语速控制不当，缺乏节奏韵律感

教师课堂教学语言应遵守的重要原则之一就是所讲的知识和自己的语言要符合学生的可接受性。首先，数学教师要了解学生的学习情况，所讲的数学知识要符合学生的学习发展需要。因为无论教师的课堂教学语言多么准确完整、简洁明了，如果学生不能理解，那就没有意义。其次，在课堂教学中，影响学生对知识点的理解和掌握的重要因素是教师的语音、语速、语调。

在课堂教学中，教师的语速过快会导致学生跟不上教师的教学节奏。由于小学生的年龄特点，他们无法做到一边仔细听教师的讲解，一边写笔记。有些教师会让学生先把练习本和笔袋放进抽屉，大家一起看黑板学习新知识，然后再把练习本拿出来，教师一边慢慢地将需要记下来的知识点重复讲给学生听，一边留时间给学生写下来。这样，学生也不用担心教师说话太快来不及写。而有的数学教师课堂教学的时候，本身语速就很快，且没有留出足够的时间给学生做笔记，既会导致学生无法认真听课，也会让学生因语速过快而记错笔记，这些都会影响学生的学习成绩和学习兴趣。也有部分数学教师的课堂教学语言的语速过慢，导致部分教学内容没有来得及讲完。

（五）叙述逻辑混乱，无法给予学生启迪

数学是一门逻辑系统性和条理性非常强的学科，教师在课堂教学中的语言除准确地讲授教学内容之外，语言的组织还应该遵循数学固有规律，也要体现数学的逻辑方法和因果关系，课堂教学语言要层次分明、语句连贯。

根据课堂观察可以发现，教师在课堂教学语言的严谨性方面，存在一些逻辑系统性问题，导致语言组织没有条理性，课堂教学语言较优秀的教师和表达欠缺的教师之间差距较大。除对数学中的概念、法则、定义等表述不严谨之外，部分教师在课堂教学中，整体的语言组织逻辑性和条理性欠缺。例如，在五年级"单式折线统计图"的教学中，根据知识的逻辑性和条理性，教师应该按照描点、连线、标数的顺序进行讲解，讲解条理清楚了即可避免有学生连线多余及忘记标数的情况。

（六）评价语言单调、失真

新课程要求对学生多进行激励性评价，于是我们的课堂一下子热闹起来。但细细听来不难发现，教师的课堂评价语言批评、否定的少，夸奖、肯定的多，且总是"很好""真棒""真不错""好极了"等评价，不仅语言单调，而且没有程度的区别和量的轻重变化。如一位教师在教学"两位数加、减两位数口算"时，分别为学生出示了四种玩具及其相应的价钱，请学生从中选择两种自己最喜欢的玩具，并算一算买这两种玩具一共需要多少钱。课堂上教师对学生们一个又一个的发言，不断地重复着"太棒了""棒极了""你能行"这样类似的、雷同的评价语言达 24 次，发生在 15 位学生身上。采用这样刻板、枯燥的评价，久而久之，学生的学习积极性非但不能得到提高，就连最基本的学习兴趣也会被泯灭。

二、问题产生的原因

教师是课堂教学语言的主要使用者，因此教师课堂教学语言存在问题的根源也就是教师本身。笔者对教师在课堂教学中存在的教学语言问题进行了剖析，总结归纳出了数学教师课堂教学语言存在问题的主要原因。

（一）对数学教学语言缺乏认识

笔者在观察教师的课堂教学语言时，发现部分数学教师无法区分生活语言和数学语言。分析其原因，有些数学教师在表达的时候出现了口误，将生活语言与数学语言混淆了；也有些数学教师为了更加形象、直观地表达，用生活语言代替了数学语言。究其根本原因，还是教师对数学语言的认识不足，所以才会将生活语言与数学语言两者混淆。

数学语言之所以不同于其他语言，是因为它是一种高度抽象的专业语言，最大的特点之一就是含义的确定性。含义的确定性就是要求数学教师所表达的定义、符号、式子都是确定且唯一的，不能有歧义，似是而非。因此，无论数学教师将生活语言与数学语言混淆，还是用重复累赘的语言来表述数学语言，都是因为对数学语言的认识不足。

（二）缺乏对数学课堂设计的预判

教师的教学设计流程一般是编写教学目标、准备导入新课、呈现教学内容、提供练习反馈、总结学习所得和评价学习效果。笔者发现，在整个教学设计流程中，部分数学教师只是对教学内容进行设计，缺少了对课堂教学中所使用的教学语言的设计。

（三）注重速度，忽视质量

笔者在通过网络等途径观察其他教师教学的过程中发现，有些教师认为，课堂教学语言对于课堂教学质量的影响不大，只要把握住课堂教学进度、教学重难点就可以了。本书在评判数学教师课堂教学语言的时候，是针对他们的一整节课的教学语言进行总评，但是通过课堂观察不难发现，一般教师在课堂前半段的课堂教学语言运用比较符合要求，而课堂的后半段时间，很多教师就会为了赶教学进度，不再注重自己的课堂教学语言，因为在教学中，教师的教学要根据学生的掌握情况或练习反馈不断进行调整，有时候并不能如期完成所有教学任务。

（四）缺乏对教学语言基本要求的理解

本章的第一、二节已经对数学教师课堂教学语言的基本要求作出了详细论述，但是由于部分数学教师对数学课堂教学语言的基本要求认识不全面，也就是自身教学语言专业素养不足，因此会存在以上问题。

第四节 案例分析：数学教学语言技能应用策略及实训

一、数学教学语言技能在课堂中的应用策略 [①]

数学教师必须做到讲课语言逻辑性强，能把思路顺得有条有理；语言简洁明了，能把复杂的东西简单化；语言生动形象，能把抽象的东西具体化；语言感情充沛、真挚，能打动人心，在学生的心灵里刻下深深的烙印，让其终生难忘。因此，下功夫掌握好数学教学语言技能，是当好数学教师的前提。

（一）数学教学语言需要合理性

数学教学的课堂语言应声音响亮、吐字清晰，前后连贯、语言规范，言辞达意、简明扼要，思路清晰、论证合理。

例如，在"平行和垂直" [②] 的教学过程中，教师创设这样的情境：

师：同学们，两根铅笔掉在地上，可能会出现什么样的几何位置关系呢？把可能出现的情况用铅笔在桌子上摆一摆，然后再把它们展示出来。

接下来，教室里"沸腾"了，铅笔掉在地上响起的"噼里啪啦"声，不绝于耳。到了展示的时候，学生们摆来摆去，但老师预想的"垂直与平行"就是"千呼万唤不出来"，就这样时间过去了一大半，教学陷入了尴尬的境地。

教学语言在于能准确地表情达意，有一定的合理性和逻辑规范性。教师创设情境的目的在于让学生通过活动，探究出铅笔掉在地上会出现平行与垂直这两种情况，但是教师却忘了在有限的时间内，"垂直，平行，不垂直，不平行"出现的概率是否会相等，也许整节课用来"扔铅笔"都未必有"垂直和平行"这两种情况发生。所以，教学语言应有一定的合理性和逻辑规范性，才能使教学有条理地进行。

（二）数学教学语言需要简洁性

著名的德国数学家莱布尼茨说："符号以惊人的形式节省了思维。"符号、公式的运用，不仅大大缩短了数学材料的篇幅，也便于学习者记忆。但教师必须熟

---

① 毛雯澄. 小学高段数学课堂教学语言教学策略研究 [D]. 杭州：杭州师范大学，2018.

② "平行和垂直"为四年级上册第五单元所学内容。

记各类符号的读法。数学教学语言的多少要恰到好处，不能拖泥带水。要把握讲话的长度，该长则长，该短则短；要抓住重点、难点，言简意赅；不能经常出现"哼""哦""那么""啊"等口头语，这也是一个数学教师基本素养的体现。

在教学中，可以利用一些有趣、简洁的顺口溜或儿歌来帮助学生学习，既能达到教学效果又能加深学生的记忆。如在学习"除法"中涉及商中间或末尾有 0 的时候，我们可以用这样的儿歌：

我是 0，本事大，除法运算显神通。

不够商 1 我来补，有了空位我就坐。

别人要想把我除，常胜将军总是我。

在讲"多位数读法"的时候，有"多位数读法"歌：

读数要从高位起，哪位是几就读几，

每级末尾若有零，不必读出记心里，

其他数位连续零，只读一个就可以，

万级末尾加读万，亿级末尾加读亿。

再如，"求小数的近似值"的顺口溜：

要求小数近似值，四舍五入方法对。

保留一位看两位，保留两位看三位。

末尾有零不可丢，保留几位有几位。

约等符号要用对，单位名称莫忘记。

如此简洁、抓住要点的儿歌和顺口溜，便于学生记忆，也有利于提高课堂的学习效率。

（三）数学教学语言需要生动有趣

教师的语言要生动形象，就是既活泼、逼真，又浅显易懂，使学生有"如临其境""如见其人""如闻其声"的感觉。这就要求教师首先要善于巧妙地运用语言的艺术，要能引人入胜，要善于联系实际，恰当举例，从而生动、形象地再现教材的知识内容和思想内容，构架起感性认识和理性认识的桥梁。

如在讲解"分数应用题"时，教师是这样表述某道题的：

话说唐僧师徒四人从西天取经回来后，孙悟空成为如来佛派去周游各国的形象大使。这天，他一个筋斗十万八千里地来到了校园中，忽然听到有个人在叫他，就连忙回头。他看见一个扎着羊角辫的小女生，便问："您是何方神圣？为什么叫我？"小女孩回答道："我是××小学的小红，现在正在上六年级，大圣能猜出我爸爸多少岁吗？你要是能答出来，我就把兜里的牛奶糖都给你！”孙悟空听了来了兴致，便说：“好啊，好啊，俺老孙出生五百多年了，蟠桃、人参果什么没吃过，还从没吃过牛奶糖呢！好吧，出题吧！”话音刚落，小红便捡起一根小树权，他们来到操场边，小红在地上写道：我的年龄是哥哥的 $\frac{1}{2}$，哥哥的年龄是妈妈的 $\frac{1}{2}$ 再少 4 岁，爸爸比妈妈大两岁，我今年 9 岁。孙悟空这个斗战胜佛看完之后，开始犯起了难，同学们能帮孙悟空解决这个问题吗？

该问题较为复杂，知识点也相对枯燥抽象，但由于是以新奇的故事来引入，语言也生动有趣，学生思维活跃，纷纷讨论起来，课堂气氛融洽，学习效率倍增。

（四）数学教学语言需要给予学生启发

数学教师的语言魅力在于能启发学生的积极思维，调动他们的学习主动性，引导他们独立思考，积极探索，自觉地掌握科学知识，提高分析问题和解决问题的能力。

例如，“比大小”的教学片段：

教师先让学生观看“孙悟空龙宫取宝”的动画片段。（让学生感知如意金箍棒的长短）

师：同学们，孙悟空打妖怪用的那根棒子叫如意金箍棒，那根棒子上可通天，下可入地，还可以塞到耳朵里去，为什么呀？

生：因为它会变长也会变短。（先达到让学生感知长短的目的）

师：（在黑板上画两条线）请同学们认真观察，发现了什么？你能用一句话来描述它们吗？

生：第一条线比较长，第二条线比较短。

师：那同学们是如何比较出来的？

生：看出来的。是把一端对齐后看出来的。

师：很好，我们通常是通过一端对齐来比较。

（拿出两根长短不同的粉笔）那同学们来比一比，看这两根粉笔谁比谁长，谁比谁短？

生：（学生通过一端对齐后可以很明显地看出长短）

师：（接着，拿掉其中一支粉笔）请你们比一比这支粉笔是长的还是短的呢？

生：不能比。

师：为什么？

（学生就是觉得不能，但又无法表达其意思）

（接下来，教师引导学生知道长短是相对而言的）

二、数学教学语言技能的实训

五年级上册"求积的近似数"的教学中，在复习两三个练习后，可设计谈话：我们已经掌握了用"四舍五入"法求小数的近似数，在实际应用中，小数乘法所得的积往往不需要保留很多的小数位数，这时也可以根据需要，用"四舍五入"法保留一定的小数位数，求出积的近似数（板书：积的近似数）。这样的过渡语言既回顾了"四舍五入"法，又建立了新旧知识间的联系，为新知识的学习做好了知识和方法上的铺垫。

六年级"比的意义"与"圆柱的认识"教学中，在探究新知，认识"比"与"圆柱"的环节，教师教学语言设计如表 4-1、表 4-2 所示。

表 4-1　教师语言设计 1

课程名称	比的意义		
实施年级	六年级	实施时长	10 分钟
学习目标	通过师生互动交流引导学生自主探究除法中比的意义，并能正确列式、计算		
学具准备	多媒体课件		
	（引导学生理解比的前项和后项顺序不能随便调换） 师：刚才我们用 15÷10 来表示长是宽的几倍，我们又可以把它们之间的关系说成长和宽的比是 15 比 10。请同学们想一想，10÷15 是表示什么呢？ 师：15 比 10 和 10 比 15 一样吗？能随便调换两个数字的顺序吗？ （教学不同类量相除也可以用比来表示） 师：应该怎样求出"神舟"五号的飞行速度？ 师：根据速度等于路程除以时间。（师板书算式：42252÷90） 师：我们也可以用比来表示路程和时间的关系，路程和时间的比是 42252 比 90。 （引导归纳比的意义） 师：比较一下上面两个例子，有什么相同点和不同点？ 师：现在，谁能归纳一下，两个数的比表示什么意思？（两个数的比表示两个数相除） ……		

表 4-2　教师语言设计 2

课程名称	圆柱的认识		
实施年级	六年级	实施时长	10 分钟
学习目标	通过师生互动交流引导学生自主探究圆柱的概念，并能理解圆柱的特征		
学具准备	圆柱模型		
	师：将圆柱拿到手中摸一摸它的整个表面，说说你的感受。 师：观察圆柱的上、下两个平面，分别是什么图形？ 师：两个底面有什么共同特征？ 师：请你再用双手摸一摸圆柱的周围，是什么形状的？（曲面） 师：怎样测量圆柱的高？测量什么地方最方便？通过测量你发现了什么？ 师：利用尺子，我们在圆柱的侧面上找到了高，你还能在圆柱的其他地方找到高吗？ 师：是不是任意两个完全相等的圆和一个侧面就一定能组成圆柱呢？ 师：为什么同一个长方形可以旋转出不同的圆柱呢？ ……		

第五章　案例分析下数学课堂提问技能探究

数学提问技能是指教师运用提出的问题，以及对学生的回答加以有效处理的方式，促使学生参与学习，了解他们的学习状态，启发思维，使学生理解和掌握知识、发展能力的一类教学行为方式。"学问"二字正是对其的印证。学习，无疑是带着问题而来、带着问题而去的活动。因此，提问是非常重要的。本章将就教学中的提问技能展开阐述，从其概念到其具体应用，从其在课堂中应用的问题再到对策。问题是课堂教学的心脏，问题是思维活动的起点，也是探求真理、创造发明的起点。有了问题才能引起思考，才能进行探索，科学研究如此，学生学习、掌握知识也同样如此。

第一节　理解概念：什么是数学课堂提问技能

一、数学课堂提问技能的概念

教师在数学课堂教学情境中与学生交流是师生之间的教学信息传递与反馈的行为过程，良好的师生交流能建立并保持高度互动的课堂气氛，它以师生之间、学生之间的教学对话为主要形式，对话的质量是决定数学课堂教学质量的主要因素。教学对话能有效地吸引学生的注意力，启迪学生的思维，提供学生参与教学、相互交流的机会，及时得到教学反馈。有一些学生就因为一次出色的教学对话，体验到了从未有过的成功感受，从此爱上了数学。

教学对话技能不仅是教师的提问与学生的回答（提问技能），它还包含语言交流对话技能和非语言交流对话技能。

在语言交流对话中，除传统课堂上常常采用的"教师提问，学生回答"的形式外，还包括学生的发问。怎样鼓励学生发问也很值得教师关注。为此，教师首先要经常地鼓励发问的学生，其次要教给学生发现问题的方法。比如，认真观察式子、图形或数据，从中发现某些规律，产生某些猜想，或者尝试将已有的问题、结论推广到另一种类似的情境中，提出某些猜想。这些训练对学生创造性思维的培养是非常重要的。另外，师生板演也是数学课堂教学对话中书面语言常用的交流形式。教师的板演除了合理布局外，板演内容要高度概括精炼，不宜一段一段地抄写教案上的内容，使学生注意力分散，又抓不住要领。对学生的板演，不能只看答案的正确与否，培养学生的数学书面语言表达也是数学教学的重要方面。

非语言交流对话包括课堂倾听、面部语、体态语、服饰语等。课堂倾听由注意、理解和评价三个部分组成。一是注意学生在对话中说出的信息是否适当、正确，包括强度及传递的时间和情境等；二是对接收的信息进行心智加工的理解，包括理解说话人呈现的思想，说话人的动机等；三是对信息进行权衡评价，归纳说话人的主题思想、获知省略的内容、思考怎样完善信息等。面部语中的目光对话交流很有技巧，有经验的教师常常通过与学生目光的直接接触来交流鼓励与期待、询问与理解、赞同与反对等信息。体态语与服饰语主要应注意符合教学的情境和自己的风格。

对话教学中，教师提问技能的几个关键词是设计、含蓄、等待和开明。

首先，提问需要设计。在教学中加入设计好的问题，可以增加实现教学对话的可能性，可以将问题集中于教学的主要目标。如果完全依赖于自发产生的问题，很容易偏离目标。提前准备一些不同水平的问题，即使学生不会全部用到它们，也会使学生将注意力转向更高水平的思考，使学生能更清晰、简洁地表述问题。

其次，提问应当含蓄，不能太直白。简单的问题由于不具有多少思考性，因此，在课堂提问中所占的比例应很小，尤其是在程度较高的班级和学习内容有相当难度的课上。大部分的课堂提问对学生要有一定的挑战性，能够引导学生积极思考，甚至热烈地讨论和争辩。还可以将学生的典型错误设计成辨析题，这些欲擒故纵的手法往往有利于加深学生对概念的理解。另外，停顿也是提问的一个重要技巧，所提的绝大多数问题应该面向全体学生，发问后教师要适当停顿以给学生思考时间，理想的待答时间介于3—5秒。

最后，对学生的回答要认真倾听，予以肯定而明确的评价，肯定合理的成分，指出还需改进的地方。如果学生不能或是不肯配合回答问题，教师必须尽快辨明原因，是问题的难度不合适，表达得不清楚，思考的时间不够，学生对问题没兴趣，师生之间的感情渠道不通畅，还是班级的学习风气问题，找出相应的对策。在评价学生的回答或回答学生的发问时，教师有时自己也会犯些错误，学生指出后，教师除立即改正外还应真诚地向学生道歉，展示数学工作者严谨求实的美德和开明的学风，切忌对学生采取对抗态度，强词夺理。

二、数学课堂提问的过程

数学提问作为一种教学行为，它不是单指教师向学生发问这样一个特定的行为，而是表现出一定的过程性。尽管在不同学科的教学中，提问的形式多种多样，但就过程而言，却大致相同。这一过程基本包含以下 3 个阶段，如图 5-1 所示。

提问：教师对教学内容的某一知识内容、特征或关系进行提问。

回答：学生分析提问的要求，回忆、提取并组织相关知识做出回答。

评价：教师对回答质量做出评价，给予反馈、矫正或总结。

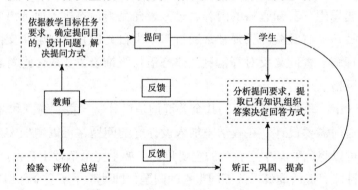

图 5-1　提问过程

如果不考虑提问过程中的一些细节，提问过程也可以用更为简洁的示意图来表示，如图 5-2 所示。

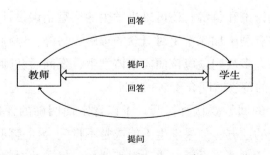

图 5-2　课堂提问过程缩减图

从图 5-2 中可以更为直观地看出：课堂提问是一个过程，这个过程包括很多内容。首先，从提问的主体看，既有教师，又有学生。在实际教学中，一般多是从教师向学生提问开始，然后学生给予回答，最后教师对学生的回答进行回答，并做出必要的评价与反馈。也可以是学生向教师提问，教师给予回答。其次，从提问过程中师生关系看，更多的是一种对话与交流。最后，从提问功能的实现看，无论是学生知识的增长、思维的发展，还是认识力的提高，都在对话和互动中得以实现。

三、数学课堂提问的功能

（一）吸引注意、反映情况

数学课堂提问要能把学生引入"问题情境"，使他们的注意力迅速集中到特定事物、现象、专题或概念上来，产生解决问题的自觉意向。如在引入"整式的运算"这节新课时，可创设如下教学问题情境：请同学们在练习本上任意写一个两位数，再按如下顺序进行运算：

第一步，用这个两位数减去十位上的数字与个位上的数字。

第二步，再把所得的数的各数位上的数相加。

第三步，再乘以 15，减去 88，得出计算结果。

全班同学在纸上写的数并不相同，结果却都一样。同学们面面相觑，感到神奇，这是怎么回事呢？在学生产生强烈兴趣的基础上，教师说："如果你们想知道其中的奥妙，就要学好本节课的知识。"这样，从课程一开始就把学生的注意力吸引到所要研究的问题上去了。

美国认知教育心理学家奥苏贝尔[①]（Ausubel）有一句名言："假如让我把全部教育心理学仅仅归结为一条原理的话，那么，一言以蔽之，影响学习唯一的最重要的因素，就是学习者已经知道了什么。"[②]这充分说明了在教学过程中教师需要

[①]　戴维·保罗·奥苏贝尔（David Pawl Ausubel，1918—2008）是美国认知教育心理学家。他先获宾夕法尼亚大学学士（1939）和哥伦比亚大学心理学硕士学位，后又获布兰代斯大学医学博士（1943）和哥伦比亚大学心理学博士（1950）学位。1950—1974 年任伊利诺斯大学教育研究所教授。1975 年转任纽约市立大学研究生院与大学中心教授，1978 年退休为名誉教授。后开办诊所，任精神科医生。曾获桑代克奖。

[②]　[美]奥苏贝尔. 教育心理学：认知观点 [M]. 佘星南，宋钧，译. 北京：人民教育出版社，1994.

明了（了解、诊断）学生学习情况的重要性，从询问学生已知内容中找出学生是否有理解错误或没能理解的知识，以此来判断学生的学习情况。

（二）加强互动、促进交流

课堂提问是师生互动的一个过程，这个过程表达了教师的教学需要以及学生的认知现状和态度。这个不断对话、交换思维活动的过程，实际上也是一个沟通的过程。这种沟通由浅入深，由不了解到了解，包含了情感的推进与融合，增进了师生的情感交流。

（三）促进理解、启迪思维

数学理解是检验学生学习效果的一个核心指标。因此，课堂提问的主要目的还有提升学生的思维参与度，引导他们发现新旧知识之间的联系，启发他们运用旧知识学习新知识，帮助他们优化认知结构，促使他们在认为没有疑义的地方发现疑义，促进他们加深对数学的理解。

通过提问，引导学生回忆、联系、分析、综合、概括，从而获得新知识，形成新概念。相应地，学生通过对问题的解答，能提高运用有价值的信息解决问题的能力以及有效、准确的表达能力。如果学生的大脑处于"惰性"状态、思维处于"静止"状态，那么所有的学习信息都会被"屏蔽"。而"思维起于岔路的疑难，起于两歧的取舍。只有遇着困难、阻碍，而将信将疑之时，我们才会停顿下来，细细思索"。[①] 所以，通过提问能使学生产生学习疑惑、开动脑筋、思考问题，并在教师肯定、同学认可中逐渐感受思考的乐趣。

（四）发展能力、反馈信息

学生的学习能力是检验学生学习效果的又一核心指标。为此，教师提问的过程应是提高学生提出问题、分析问题、解决问题和反思问题能力的过程，应是提高学生表达和交流能力的过程。也就是说，发展学生的学习能力是数学课堂提问的一个主要目的。需要说明的是，以上提问的目的并不是截然分开的，往往同时并存于教师所设计的问题之中。

提问可以使教师及时获得反馈信息，不断调控教学程序，为学生提供机会，激励他们提出疑问，积极主动地参与教学活动。

---

① ［美］杜威. 思维与教学 [M]. 孟宪承，俞庆棠，译. 北京：商务印书馆，1936：11.

第二节　渗透内涵：数学课堂提问技能的类型

一、按准备提问的时间来划分

按照教师准备提问的时间，可把提问分为预设性提问与生成性提问。

预设性提问，即教师在备课时所预先设计好的提问。所有的数学教师在课前都会备课，但是，并不是所有的数学教师在备课时都会精心准备"提问"，因而这些数学教师在课堂上的提问就具有一定的随意性。所以，为了进一步提高提问的针对性，教师在课前必须进行预设性提问。

所谓生成性提问，即教师在实际课堂教学中，根据学生的学习实际情况灵活提出的学习问题。学生在进行数学学习的过程中，会不断地产生想法。而且，每个人的想法都是不同的。所以，教师除了精心准备预设性提问外，还需要在课堂教学实际活动中进行生成性提问。也就是说，要基于学生的思维情况来提出问题。

二、按提问的目的来划分

按照教师提问的目的来划分，可把提问分为激趣性提问、激疑性提问、铺垫性提问、探究性提问和巩固性提问等。

（一）激趣性提问

此类提问的主要目的是激发学生的学习兴趣，使之产生学习动力，以浓厚的学习兴趣进行数学学习。例如，在教学用交叉相乘的方法进行"分数比大小"时，教师先让 5 个学生在黑板上随意写出自己喜欢的一个真分数，然后教师提问："同学们，不管你们指出其中的哪两个分数我都能很快地判断出它们的大小关系，你们相信吗？"

学生跃跃欲试，但结果当然是教师的判断都是正确的。教师接着问："老师能那么快地判断出两个分数的大小，是因为老师掌握了一个法宝，既不要通分也不要化成小数就能快速知道两个分数谁大谁小。同学们，你们想不想获得这个法宝？"这样设问无疑会激起学生的探究欲望，从而引导学生经历自主探索的过程。

（二）激疑性提问

激疑性提问的主要目的是激起学生的学习疑惑。例如，新课开始，教师指导学生复习了能被 2 和 5 整除的数的特征，为本节课学习能被 3 整除的数的特征提供了激疑的源头。

教师让学生任意报几个数，教师迅速说出它能否被 3 整除，其他同学用笔算验证。当学生说出的数都被教师判断出能否被 3 整除时学生露出了惊奇、佩服的表情，个个跃跃欲试。学生的求知欲被激起后，教师组织学生讨论"39、5739"这两个数能否被 3 整除，学生迅速说能被 3 整除。这两个数确实是能被 3 整除，但当教师问到为什么时，学生回答说："我想个位上是 3、6、9 的数都能被 3 整除，所以 39、5739 能被 3 整除。"

学生这样回答，一是受到了根据个位数来判断的思维定式的影响，二是错误地认为教师之所以能迅速判断出一个数能否被 3 整除，也是以此为依据的。学生的回答在教师的意料之中，因此对学生这样的回答，教师不马上予以纠正。

学生回答后，教师又出示了这样一组数 73、216、4729、843、2056、3059，并让学生观察这些数的个位有什么特点。学生观察后发现这些数的个位上都是 3、6、9，教师要求学生算一算，看这些数能否被 3 整除。学生通过计算发现，这些数中有的能被 3 整除，有的不能被 3 整除。于是不用教师说，学生自然对前面的结论产生了怀疑。

在学生困惑不解的时候，教师再出示另一组数：12、430、2714、5001、7398、9687，并让学生观察这些数的个位是不是 3、6、9，然后算一算这些数能否被 3 整除。学生计算后发现，这些数的个位虽然都不是 3、6、9，但其中有些数却能被 3 整除。这是怎么回事呢？学生疑窦丛生，百思不得其解，教师的激疑又深入了一步。

（三）铺垫性提问

此类提问的主要目的是降低思维难度，逐步引导学生解决问题。

在"除数是两位数的除法"的教学过程中，当学生对 385÷46 这类试商难度较大且需要调商的除法无所适从时，教师可以根据学生的情况依次提出以下问题：

"你能计算出 385÷50 吗？"

"你能计算出 390÷50 吗？"

"你能计算出 39÷5 吗？"

以上提问中，前面的问题为后面的问题做铺垫，问题层层递进，但难度逐步降低，帮助学生观察、尝试、思考，促使学生体验数学、感受数学，从而使学生的能力得到升华。

（四）探究性提问

此类提问的主要目的是给学生开展探究活动提供方向。例如：在教学三角形内角和的时候，教师在黑板上画出了一个等腰直角三角形。

师：根据我们学过的知识，你们知道三角形的内角和是多少度？

生：180°。

师：那么这里这个是等腰直角三角形，它的内角和呢？

生：也是180°。

师：那它的两个锐角呢？

生：45°。

师：那考考你们，它们的外角是多少度？外角和呢？

开放性问题一旦抛出，学生必然会开动脑筋，积极讨论、探究，并踊跃表达自己的想法。此类问题并不需要很多，并且不能离开学生的实际水平。提问的梯度不能太大，否则启而不发；梯度也不能太小，否则学生的思维过程被教师"包办"。

（五）巩固性提问

此类提问的主要目的是帮助学生巩固知识、加深理解。比如，在一节课的新授学习之后，教师提问："谁试着用数学语言来表述有关内容？"学生解答相关例题之后，教师提问："哪位同学来评价他的做法？"在下课之前，教师提问："谁用最简洁的语言来概括这节课的学习内容？"在学生回答问题之后，教师再进行有针对性的归纳，从而促使学生形成更完整的认知结构。

三、按提问对思维层次的需求来划分

根据提问对思维层次的需求来划分，数学课堂提问的主要类型有追忆型、概括型、引申型和反思型。

（一）追忆型提问

追忆型提问是通过问题让学生回忆或巩固旧知识，自然引入新知识，建立起新旧知识之间的联系。这种问题能为打开学生的数学思维做好铺垫。比如，在"分数的基本性质"教学中，可以通过回顾商不变的规律来引入，除了变化规律，还可以强调其限制条件——"零除外"。

（二）概括型提问

概括型提问是指问题从直观、具体的材料逐步指向更加概括、抽象的数学对象。这种问题起点具体、问题层次明显、问题指向概括化，能够锻炼学生的概括性思维和抽象概括能力。比如，在"直角、锐角、钝角三角形"教学中，用多媒体技术提供丰富的三角形实例之后，通过问题"这些三角形有什么共同特征？它们之间有什么区别和共同点？你能否用自己的语言表示出来？"让学生观察、发现、猜想并总结三角形的定义。这个过程不仅让学生积累了丰富的数学活动经验，而且锻炼了学生的概括性思维。再如，在"按比例分配"的教学中，在完成例题讲解及相应的基本练习后，通过问题"按比例分配问题必须要知道哪两个条件？"促使学生思考总结出按比例分配问题必须要知道"总和"与"分配比"这两个条件，这很好地为以后的变式练习提供了帮助。

（三）引申型提问

引申型提问旨在培养学生思维的广阔性和灵活性。当完成了一个基础数学教学任务之后，需要对该任务再挖掘，提出一些相关的或深层次的问题，引导学生在审视问题本质的基础上，进行发散性思维。比如，在"角的度数"教学中，教师可提出引申型问题，利用游戏形式，解决足球场上的射门问题。再如，在学习"圆的画法"时，教师可提出引申问题"怎样画出篮球场中间的那个圆"。既加强了数学与现实的联系，又锻炼了学生的问题解决能力。

（四）反思型提问

反思型提问是数学课堂中必不可少的一环。它可出现在问题解决之中，让学生时时刻刻保证思维严密；也可出现在问题解决之后，让学生从整体上思考问题解决的思路是否合理、问题解决是否是最优化的、问题结果是否可再延伸等。例如，本节课我们学了什么内容？这个问题的解法是否最简单？你的问题解决过程是否还可再优化？你还有其他解决问题的办法吗？等等。这些问题都能够引导学生整理和优化自己的思维。

四、按提问的主客体来划分

依据提问的发起者和接受者的角色以及先后次序提问可分为三种模式：教师提问，学生回答；学生提问，教师回答；学生提问，学生回答。

（一）"师→生"模式

教师作为数学教学的组织者和实施者，在教学活动中占有主导地位。教师提问，学生回答是最为普遍的一种课堂提问模式，以至于大多数人提到课堂提问时，往往将其理解为这种模式，甚至认为这是唯一的模式。

（二）"生→师"模式

随着教育观念和教育思想的发展，人们逐渐意识到让学生主动提出问题更能增强其学习兴趣和巩固学习效果。当前，我国基础教育课程改革的目标之一，就是要"改变课程实施过于强调接受学习、死记硬背、机械训练的现状"。学生提问是课堂参与形式中比回答问题、参与讨论等更高层次的认知卷入，而且研究也证明了这种认知卷入的作用和价值。然而，教师基于自身的考虑（一是维护权威性的地位，二是教学计划的顺利实施），对学生的提问并没有留出应有的空间。在教学实践中，学生提问仍然存在诸多的障碍。

（三）"生→生"模式

学生之间的相互提问，从思维激发的角度看最具有价值。问题来自学生，又通过学生来解决这些问题，这样才真正把提出问题和解决问题的权利还给了学生。在学生互相提问的过程中，教师作为组织者，监控课堂学习的进程。教师既要指导学生的学，更要指导学生的思维，指导学生学与思的结合，教给学生自己思考问题、解决问题的方法，"授人以渔"，而不是单纯地"授人以鱼"。

五、按知识的讲授来划分

按知识的讲授来划分，课堂提问大体可以归纳为以下几种方式。

（一）直接提问

开宗明义，直截了当地提出问题，这种提问多在答案简洁明了的情况下采用。例如，"加法交换律用字母怎么表示？""怎么计算三角形的周长？""绘制条形统计图要注意哪几个方面？"等等。

（二）反向提问

反向提问是指利用反向思维、逆向思路来提问。它有利于引导学生突破惯性思维框架，培养学生敢于求异创新的能力和大胆想象的能力，使学生的思维更加灵活和严谨。例如，在进行 $25 \times 32 \times 125$ 的简便计算教学中，教师预设问题："$25 \times 4 + 8 \times 125$ 与 $25 \times 4 \times 8 \times 125$ 的计算结果相同吗？"让学生在练习中能进一步区分乘法各运算定律间的区别与联系，提前知晓易错点。

利用反向思维提问或许不一定好理解，可以通过以下两段有意思的数学例子来感受一下反向思维是如何思考的。

例一：

一名老大爷挑了 3 个西红柿，小贩见他是个老年人就想骗他多付钱。

小贩（称重后）：3 个西红柿一斤半，3 块 7 毛。

大爷：做汤用不了 3 个，把最大的那个去掉吧。

小贩：两个西红柿一斤二两。3 块。

于是，大爷给了小贩 7 毛钱，把刚刚被去掉的大西红柿拿走了。

例二：

某自助餐厅标价：70 元／位。但客人经常拿太多食物吃不完，导致餐厅亏损严重，于是老板将餐厅门口标价改为：70 元／位，浪费食物者罚 10 元，结果生意一落千丈。后来经理灵机一动将门口标价改为：80 员／位，没有浪费食物者奖励 10 元。牌子一经挂出，生意越发火爆，且很少有客人浪费食物。

（三）比较提问

比较提问是指通过事物对比来提问。它可在同种事物或不同种事物之间进行对比，也可在同一事物的不同部分、不同方面进行对比，把那些既有相似之处，又有不同之处的易混易错的事物进行比较，以加深认识和理解，从而增强记忆，灵活运用。这样提问有利于发展学生的求同思维或求异思维。例如，在教学"所有的偶数都是合数吗"这一判断题时，就要通过比较提问的方法引导学生明白，奇数偶数的分类与质数合数的分类依据是不一样的，它们之间不存在必然的联系。因此还可以推出以下结论都是错误的：

所有的偶数都是合数；

所有的合数都是偶数；

所有的奇数都是质数；

所有的质数都是奇数。

（四）启发性提问

启发性提问先不直接提出要解决的主要问题，而是提出与此有关的其他问题，然后抓准时机提出主要问题。例如，在教学"用排水法求不规则物体的体积"时，如果采用直接提问的方式，很多学生肯定是听不懂的，只有先提出与水的体积变化有关的问题，最后再抓准时机提出水的体积变化是因为什么引起的这一主要问题，才能很好地解决教学难点，让学生深深烙下不规则物体的体积等于水变化的体积的印象。

（五）分解提问

分解提问是指把整体性较强、内容较多的大问题分化成若干个小问题来提问。这样可以把不易解答的大问题化整为零，各个击破。例如，在教学"一个正方体的棱长总和是48米，它的体积是多少立方米"时，可以将其分成以下几个小问题去提问：这是求正方体的什么？正方体的体积公式是什么？要求正方体的体积必须要知道什么？怎样求出正方体的棱长？正方体的棱长总和公式是什么？

（六）递进提问

递进提问是对有一定深度和难度的问题进行由浅入深的提问的方法。通过环环相扣，层层递进的设问，引导学生的思维向知识的深度和广度发展。教师步步推进，层层剖析，最后达到解决问题的目的。例如，在教学习题"一个圆锥形沙堆的底面周长是12.56米，高3米。如果每立方米沙子重1.2吨，求这堆沙子一共有多重"时，教师可预设这样一组问题："求这堆沙子的重量其实就是求什么？""求圆锥的体积必须要知道什么？""怎样通过底面周长求出圆锥的半径？""谁来说一说这道题的解题步骤？"

（七）拓展提问

小学数学课堂拓展提问，是数学学习内容由课内向纵深处或向课外延伸和合理渗透的主要媒介。问题可以是主体内容的辐射、铺垫和延续，也可以是某一知识点的综合、深化和提高。有效的课堂教学拓展提问，能使趋于平静的课堂再起波澜，一方面使本堂课的教学内容得到升华和总结，另一方面为学生的后续学习埋下伏笔，做好铺垫，从而优化教学效果。这样既可以起到温故知新，新旧贯通的作用，还有利于培养学生的发散思维能力。如，教学"24时记时法"时，教师在练习环节可设计这样的拓展题："同学们能把我们班的作息时间表改为用24时计时法的方式来表示吗？"在学完"圆的周长与面积"后，教师可以联系生活实际，创设相关的问题："沿着我校圆形喷泉的边沿走一圈要走多少米？这个圆形喷泉的四周用了多少平方米的彩色地砖？"当然，让学生在课堂上多解决几个生活中的问题，不应是课堂拓展的最终目的，让学生不断体验策略的价值、掌握数学思想方法才是有效拓展的要义所在。

六、按提问时机来划分

（一）问法新颖

同一个问题，可以从不同的侧面、不同的角度提出。切入的角度不同，效果往往就大不一样。这就要求提问要新颖，要有新意。比如，引进直角梯形概念，可提问："你能画个正方形吗？"学生答："只要作一个角是90°且四边等长的四边形。"教师又问:"你是怎样思考的?"学生答:"只要设定好角度与边长就能画出。"教师再问:"那么只有一个角是90°,但是不规定边长可以吗?"学生答:"不可以,还有直角梯形。"这样直角梯形的概念就出来了。

(二)寓教于乐

教师根据教材内容有意识地提出一些相关的趣味性问题,寓趣(奇)于问,创设生动愉悦的情境,可以激发兴趣,诱导学生积极思考。例如,在教学"最小公倍数"知识的综合应用时,可以这样设计:有一天,唐僧命徒弟悟空、八戒、沙僧三人去花果山摘些桃子。不长时间,徒弟三人摘完桃子高高兴兴地回来。师父唐僧问:你们每人各摘回多少个桃子?八戒憨笑着说:师父,我来考考你。我们每人摘的一样多,我筐里的桃子不到100个,如果3个3个地数,数到最后还剩1个。你算算,我们每人摘了多少个?沙僧神秘地说:师父,我也来考考你。我筐里的桃子,如果4个4个地数,数到最后还剩1个。你算算,我们每人摘了多少个?悟空笑眯眯地说:师父,我也来考考你。我筐里的桃子,如果5个5个地数,数到最后还剩1个。你算算,我们每人摘多少个?

(三)由浅入深

对于教学上的难点或难度较大的问题,教师应该设法建立问题解决的"台阶",帮助学生拾级而上,采取分化瓦解的方法或化大为小、化虚为实,以有助于学生克服学习上的困难。例如,在"长方形的周长公式"教学中,教师应该设计三个层次的问题来引导学生得出三个不同的周长计算公式,教学过程如下:

师:长方形一共有几条边?

生:四条边。

师:所以它的周长可以怎样计算?

生:长方形的周长=长+宽+长+宽。(根据周长的定义得出)

师:长方形四条边的长度有什么特点?

生:对边相等。

师:那么长方形的周长公式可以怎样变得简洁一些?

生:长方形的周长=长×2+宽×2

师:如果我们换一种方式去观察长方形的四条边,我们还会得到新的周长公式。请同学们试试!

生:(经过小组讨论,得出长方形的四条边可以分为两组长和宽)长方形的周长=(长+宽)×2。

在上例中，长方形周长的第一个公式最容易理解，但不够简洁，第三个公式最简洁，但相对难于理解，教师通过台阶式的问题让学生逐一明白数学原理。

（四）制造问题

教学中常有一些内容，学生似乎一看就懂，自觉无疑，而实质有疑。教师在浅处设问，于无疑处设疑，引导学生探讨教材，可以收到较好的效果。例如，在六年级上册第一单元"分数乘法"的例1"小新、爸爸、妈妈一起吃一个蛋糕，每人吃了$\frac{2}{9}$个，3人一共吃了多少个"的教学中，当学生分别用加法和乘法列出算式后，教师可以向学生这样提问："要求一共是多少往往都是加法计算，今天你们为什么用乘法列式呢？"如何列式去解决这道例题本身是没有难度的，但教师制造了一个新问题，让学生继续探讨，这样学生对"乘法是加法的简便运算"会有更深刻的认识。

（五）因材施教

设计提问一方面要有针对性，另一方面要具有一定难度，又须是学生经过努力可以解决的。为此，教师要事先分析学生知识的缺漏、疑难，为不同层次的学生设计不同的问题，使之能在原有水平上有所提高。

例如，在教学"年月日的认识"时，教师可以设计这样的一组问题：

"一年中有几个大月？有几个小月？"

"哪一年的二月是28天，哪一年的二月是29天？"

"你能算出2021年的二月是多少天吗？"

"你能仿照2020年的日历表制作出2021年的日历吗？"

上面这一组问题的设计，既考虑了不同层次学生的情况，也考虑了学习水平的提升。前两题是记忆式问题，第三题是猜想验证，也属于知识运用问题，最后一题则是知识结合生活实际的综合实践应用，难度较大。

（六）问法多变

对于同一个问题，教师运用条件的增删、变化，结论的延伸，条件与结论的互换，一题多解，多解归一等设计出新问题，这有助于学生纵穿横拓的思维活动，提高其思维能力和探索能力。例如，在教学"工程问题"时，在学生独立解决基本问题"一条路长120米，甲队单独修6天可以完成，乙队单独修10天可以完成。两队合修多少天可以完成"后，教师可通过变化条件设计如下问题：

"如果这条路的长度变为 240 米，其他条件不变，两队合修需要多少天可以完成？"

"如果这条路的长度变为 360 米，其他条件不变，两队合修需要多少天可以完成？"

"如果这条路的长度变为其他长度，甲乙两队的合作完成时间会有变化吗？用你自己喜欢的一个数字去试试。"

只要学生经历过了上述问题解决过程的体验，其对工程问题中的"单位 1"必定会有深刻的认识。

第三节　探索现状：数学课堂提问技能实施现状

一、课堂提问观念不明确

（一）对提问的认识囿于表面

根据对数学教师的相关问卷调查，有些教师虽然在主观意识上对课堂提问很重视，但是对于课堂提问的认识局限于表面，不清楚课堂提问的具体环节，对于课堂提问的目的理解片面。在课堂观察中发现，部分教师一节课中提问问题的数量存在过少的现象，特别是出自学生自身的提问，可以看出部分数学教师对于课堂提问的认识未完全落实到行动上，对于课堂提问不够重视，间接地反映出数学教师对课堂提问的认知程度不高的现状。究其原因在于数学教师对于课堂提问的重视程度表面化，没有真正地认识到课堂提问的重要性。

（二）用提问数量代替质量

在小学数学课堂教学中，大多数教师普遍很重视课堂教学提问，但常常出现以数量代替质量的情况，教师的提问大都以记忆性问题、判断性问题居多，而创新性问题、批判性问题、真正触动学生思维的问题显得不足。在教学中，教师们常常追问："对不对？""是不是？"这样的提问存在着目的不明确的弊端，是使课堂教学低效的原因之一。

（三）缺乏理论学习

实践离不开理论的支撑，理论离不开实践的证明，二者相辅相成，缺一不可。在对数学教师进行问卷调查时发现，有些数学教师没有看过与课堂提问有关的书籍，主动收集与课堂提问相关的资料的教师更是少之又少。在对课堂提问目的以及课堂提问主要包括哪些环节等问题的调查中，发现有些数学教师的回答并不全面，由此可见，个别教师缺乏关于课堂提问理论的学习。究其原因，首先，课堂提问没有引起教师的高度重视；其次，教师不知道了解、学习有关课堂提问的渠道。

二、课堂提问准备不充分

（一）提问缺乏针对性

在小学数学课堂中，如果教师提出的问题过于简单，那么就达不到引发学生思考的效果；反之问题过于复杂，则会打击学生的积极性。在对教师进行问卷调查时发现，有些教师在设计问题时并没有考虑到学生的认知情况，设计的问题没有针对性，对于学生可能出现的回答，教师也表示没有预设过，解决对策更未曾考虑过。在对教师进行课堂观察时也发现了这一问题，当学生做出错误的回答时，有些教师会选择直接让学生坐下，叫另一位同学回答或自己回答，针对这位同学没有语言上的评价，更没有针对错误回答进行的追问。由此可见，个别教师在设计问题时对学生的个体差异的预设不足，设计的问题缺乏针对性。

（二）提问用词缺乏斟酌

有些教师在设计问题时更愿意依赖辅助资料或参考书，缺少与生活实际的联系，导致课堂上学生参与度不高；在设计问题时是否斟酌过问题的用词方面，大部分教师也表示没有仔细考虑过，在课堂中出现教师提出的问题，学生没有响应，教师重新阐述问题的现象。综上所述，教师在设计问题时未能与生活实际相联系，问题的用词与语言组织欠考虑。

三、课堂提问实施不到位

（一）提问未能调动积极性

课堂提问中有些教师以封闭型低认知水平问题为主，很少有评价性、创造性问题。不仅认知程度低，而且设计的问题类型单一。虽然记忆性问题对于小学生来说有一定的优势，可以巩固基础知识，增强自信心，提高学生上课的积极性，但是大量的记忆性问题对于低年级的小学生来说，不利于他们思维的锻炼，还可能间接地抑制学生思维的发展。

（二）教师叫答机会不均等

成绩好的学生给出的答案准确性较高，可帮助教师轻松过渡到之后内容的讲授。有些教师为了保证课程进度，往往偏爱挑选成绩优秀的学生回答问题，而对成绩较差的学生关注较少。小学教师的工作对象是有血有肉有情感的儿童，他们脆弱敏感，渴望得到教师的尊重和关爱。如果在这样的关键阶段教师不能做到一视同仁，会对学生价值观、人生观的塑造产生难以逆转的不良影响。教育公平是教育质量的基础和保障，教师的关爱只有如阳光般普照全体学生的心灵，才能让苗圃中的幼苗都苗壮成长为参天大树。

（三）问后即答，缺乏思考时间

教师在提问后，至少要留有 3 秒钟以上的思考时间。但是通过课堂观察发现，教师在提出问题后，一般都会立刻叫学生回答问题，教师一方面担心课堂进度，另一方面害怕出现冷场的现象。在课堂上，经常会有思考性较强的问题，需要学生花费时间去探索、思考后才能作答。对于成绩优异的学生来说，可能会很快回答出来，但对于中等偏差的学生来说，就会出现没有时间思考，教师和其他学生就说出了答案的现象。长期下来，不仅学生的思维得不到锻炼，学生对课程内容掌握得也不扎实。对于小学生来说，此阶段是培养他们独立思考问题、分析问题、解决问题的初期，缺少独立思考的时间，会导致一部分学生越来越脱离这个课堂。

（四）反馈不足，提问引导方式缺乏多样化

当学生回答完问题后，教师要根据学生的回答，及时给予反馈和评价。这样有助于提高学生的学习信心，调动学习积极性。但是根据实际调查发现，有些小学数学教师在课堂上并没有很好地运用提问技能。当学生回答完全正确时，教师没有明确的表扬，只是简单地说："好！请坐！"或者向学生做一个让他坐下的手势，有的干脆就直接叫下一个同学回答问题。当学生回答部分正确时，教师虽然能够进行提示，引导学生继续说下去补充完整，但是引导的方式单一；当学生回答错误或回答不上来时，大部分教师会选择将问题再重复一遍，或者在未请这位学生坐下的时候，就急忙自己纠正或叫下一位同学回答，再或者就不对这位学生的回答进行评价，这非常容易让学生产生挫败感。

四、课堂提问反思角度单一

（一）课后缺乏对课堂提问的自我反思

根据笔者 20 多年的教学经历以及此过程中对身边的数学教师的观察，特别是有针对性地听了 20 名教师的数学课后，发现数学教师普遍存在缺乏课后主动自我反思的问题。主要体现在：有的教师连续多节课都提出同样类型的、简单

的、学生无须思考的数学问题；有的教师连续多节课都只向相同的几个学生提出数学问题；提问模式呆板固定难以引起学生兴趣。由此可见，部分教师并没有对课堂提问的艺术进行学习与研究，且未有做课后自我反思的习惯。

（二）课后缺乏与学生关于课堂提问的沟通

在进行课堂观察时发现，个别小学数学教师在提出问题后，选择立即请学生回答，出现学生站起来吞吞吐吐、语言不连贯的现象，甚至有的同学干脆站起来不说话。通过这些现象，一方面可以看出个别小学数学教师缺少对回答时间的认识，另一方面表明个别小学数学教师在设计问题以及叫答时，缺少对学生个体差异的认知，同时这两方面间接反映出了个别小学数学教师缺乏与学生关于课堂提问的沟通。

（三）缺乏和同事关于课堂提问的相互交流

根据笔者的观察，有一些小学数学教师和同事从来没有就课堂提问技能方面的经验进行过交流。由此可以得出，小学数学教师平时须加强与同事关于课堂提问技能的相互交流。

第四节　案例分析：数学课堂提问技能应用策略及实训

一、数学课堂提问技能的应用策略

（一）精准提问

"精""准"是指课堂提问要有明确的出发点和针对性，问题精要恰当，准确无误，精益求精。教师要明确提问的目的，提出的每一个问题不仅本身要经得起推敲，同时还得强调组合的最高效，每一个问题组成一个有机的、严密的整体。而在具体教学过程中，由于目的要求不同，教师可以提出不同类型的问题。例如，引导学生再现已学的知识，以利于他们知识迁移性的回忆问题；引导学生把已学过的知识用于叙述、比较、说明等理解性问题；引导学生运用学过的知识、技能解决一些简单问题的应用性问题。

（二）掌控提问难度

从心理学的角度来看，人的认知水平可划分为三个层次："已知区""最近发展区"和"未知区"。而人的认知水平，就是在这三个层次之间循环往复，不断转化，螺旋式上升。课堂提问不宜停留在"已知区"与"未知区"，既不能太容易也不能太难，太容易不能促进学生的思维活动，将导致思考力水平的下降；而太难就超越学生智力范围太远，使他们丧失信心，无法保持持久不息的探索心理。我们提倡从发展学生的思维出发，根据学生的学习认知水平和数学学科的特点，采用深题浅问、浅题深问、直题曲问、曲题直问、逆向提问、一题多问等不同方式，开展多角度思维。

（三）把握提问时机

1. 在介绍新概念时的提问

这是教学过程的主要环节。教学时从以下角度对学生进行提问：概念中的关键词有哪些？概念中有哪些规定和限制条件？它们和以前的什么知识有联系？如果改变或者互换概念中的条件和结论，会产生什么样的结果？提问力求循循善诱，层层深入，引导学生抓住概念的本质特征。例如，教学百分数的意义"表示一个数是另一个数的百分之几的数叫作百分数"，就要引导学生弄清百分数与分数的区别，甚至还需要理解为什么又叫"百分比"和"百分率"。

2. 在分析比较时的提问

数学知识的内部存在千丝万缕的联系，也有许多知识存在形似神不似的差异。学习了一个新的知识点后，就应当让学生把新旧知识做一个系统的归纳。学生掌握了加法和乘法的定义后，有必要对这两个运算方式做一些比较，故可以提出以下问题：说出 $2+2+2=6$ 和 $2\times3=6$ 两种式子的相同和不同之处。这一环节在一定的情况下，需要教师做出适当的提示。设计问题的时候，要让学生各抒己见，展示自己的发现，强调学生的参与能力，培养学生的归纳分析、比较鉴别能力。

3. 在知识应用时的提问

在数学教学课堂上，教师若只给出书面的练习，而没给予启发式的提问或引导，直接让学生应用新学的知识解决问题，恐怕大多数学生会因为不理解而一头雾水。在知识应用时教师给予恰到好处的提问，不仅能让学生恍然大悟、印象深刻，同时也有利于课堂顺利地进行。例如，在学完圆锥的体积公式之后，教师让学生解决："一个圆锥形沙堆底面周长是 12.56 米，高 3 米。如果每立方米的沙子重 2.5 吨，这堆沙子一共重多少吨？"如果直接让学生进行练习，肯定会有部分学生无从下手，因为这道题目中没有明确表示出要求圆锥的体积。这时，教师就要引导学生通过题目中的单位"立方米"去进行判断。

4.乘胜追问

所谓追问，顾名思义就是追根求源地问。即教师要遵循学生回答的思路采取递进式提问，从而获取解题关键所在，或使学生对问题做进一步的思考。追问的最大优点在于激发学生的潜能，激活他们的思维。数学课堂教学中，学生的回答经常是肤浅的，或者是不得要领的，所以教师要适时地启发学生，使他们朝着问题的正解进行思考并得以深入拓展，而追问无疑就是一种极有效的方法。

（四）掌握"三适"

对问题的安排的时机把握也需要技巧性。对这个问题，主要通过把握"三适"来解决。

一要适度。应根据学生现有知识水平，提出符合学生智能水平的难易适度的问题。

二要适时。古诗云："好雨知时节。"提问也是如此，提问的时机要得当。

三要适量。提问精简，直入重点。一堂课不能问个不停，应当重视提问的密度、节奏及与其他教学方式的结合，要紧紧围绕实现教学目标这个中心，突出教学的重点。

（五）设身处地来考虑

新课标指出，数学教学应从学生实际出发，创设有助于学生自主学习的问题情境，引导学生通过实践、思考、探索、交流而获得知识，形成技能，发展思维，学会学习，促使学生在教师的指导下生动活泼地、主动地、富有个性地学习。提问技能的运用首先要突出学生的主体地位，教师的一切活动是为学生服务的，提问就是为了创设一种问题情境，引导学生积极思考，发展学生的个性特点和创造性。教师提问的机会要平均分配给每一个学生，让全体学生共同思考，这样才会使全班整体的学习效果得到提高。

（六）诱导学生自主学习

启发式教学是教师根据教学规律和学生的心理特点，通过呈现诱导材料或创设诱导环境，适时而又巧妙地给学生以引导、鼓舞、启迪，让他们积极通过自己的思维，创造性地进行学习。

（七）根据情况设置情境

问题的设计要按照课程的逻辑顺序循序渐进，由浅入深，要考虑学生的认知程序，循序而问，步步深入，使学生积极思考，逐步得出正确结论。前后颠倒、信口提问，只会扰乱学生的思维顺序。

（八）灵活提问，留下思考余地

课堂教学是师生双方交互式的动态过程，因而在互动过程中会出现一些事先未曾预料的情况，这就要求教师在实际教学过程中根据需要，抓住时机，灵活设计一些提问，调整和优化教学活动。提问要特别注意时机，最佳时机是在学生已开动脑筋，正在生疑、质疑但未能释疑之时。若学生对某个问题已经明白了，再去提问就没有意义了。

若在提问时没有学生举手或者只有一两个学生举手怎么办？这时教师首先要沉住气，可以把问题换个角度再复述一遍，并给予恰当提示，给学生一些时间思考。若发现个别学生有了想法，就鼓励他们大胆说出来；还可以考虑降低问题的难度，激励学生积极开动脑筋。处理应灵活一些，不必拘泥于事先设计的教案。

学生对教师提出的问题，总有个思考的过程，故提出问题后要有一个适当的停顿。至于停顿的长短，一般可根据问题的难易和学生的反应情况而定。学生答完问题后再停顿数秒时间，往往可引出他本人或其他学生更完整、更确切的补充。几秒钟的等待可以体现学生的主体地位，不可掉以轻心。

（九）提问后的有效性评价

课堂上，对回答正确或有创造性的学生，教师应给予充分肯定，可继续追问学生是否还有更好的方法；对回答不完全正确的学生，应肯定其正确的部分，并提供线索继续补问使其完善；对回答错误的学生，应找到其错误的思路，暂时延缓评价，可转问其他学生，再评价其各自优点及错误之处。最后，教师和学生共同对问题进行再组织完善及评价。需要注意的是，当学生思维活跃时，有可能会提出古怪的问题，做出奇怪的回答，教师切勿因此批评学生，而应加以引导和解答。

二、数学课堂提问技能的实训

（一）预设性提问

预设性提问流程案例，如图 5-3 所示。

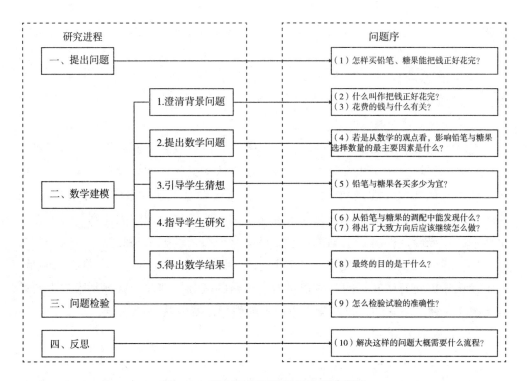

图5-3　教师的预设性提问流程案例图

1.关于问题的性质

在"问题序"中，教师所给出的问题具有开放性，即问题的解答可从多方面来考虑。研究性学习的一个主要目的是发展学生的研究意识与能力。开放性的提问可促使学生从多角度来思考问题，增强他们研究问题的自信心，培养学生提出问题、分析问题、解决问题的能力。

2.关于问题之间的转折

"问题序"的流程其实就是研究问题的进程。所以，问题之间的转折非常重要，它意味着让学生体验科学研究的方法，学会如何提出问题、如何发现问题。因而，教师在准备以上各个问题时，还需要准备问题之间的转折。如"现在应该研究什么？""你打算如何研究？""有哪些研究方法？""还可以研究什么问题"等。

3.关于问题的类型

问题的类型主要有：引导学生思考解决方法的提问，如前面所说的问题之间的转折提问；引导学生分析题意的提问，如"它是什么？""它具有什么性质？""它们之间有什么联系？"等；引导学生猜想的提问，如"你能证明吗？""你能解释吗？""你还发现了什么？""还有什么障碍没有克服？"等；引导学生反思的提问，如"问题都解决了吗？""你在研究中经历了哪些阶段？""你在研究中用到了哪些方法？"等。

4.关于提问的策略

提问的策略应是依据学生的思维情况采取"由远及近"的启发，从运用较多元认知成分到较少元认知成分，直到最后运用认知提问。如教师在引导学生猜想时，准备元认知预设性提问，以买文具、糖果等贴近生活的数学问题举例："怎样买糖果和铅笔能把钱正好花完？"假如学生不能做出合理猜想，则教师可进一步增加认知成分，提出"铅笔贵一些糖果便宜一些，该怎么买呢？""钱是整数，回忆一下我们之前学的四则混合运算该怎么列式呢？"等问题。需要说明的是，对于元认知提问与认知提问有时很难做出严格的区分，因此，教师基于学生的思维状况应交替运用它们，以给学生方向上的引导以及方法上的指导。

（二）生成性提问

1.试图理解学生的回答

在研究性学习中，学生的回答也就是学生进行研究性学习的相关反映，教师需要理解学生的回答。假如教师对学生思考问题的看法不了解，则教师所讲的与学生所想的极有可能不相同。这样，即使学生听懂了教师的讲解，然而学生自己的想法没有得到关注，其思维的疑惑还是没有得到澄清、发展，终究成为学生认知结构中的一些"断点"，与学生认知结构中其他"结点"之间缺乏联系。教师可采取追问、反问来试图理解学生的回答。

（1）追问

比如，当学生在讨论"沏茶问题中的'怎样安排时间最合理'"时，有些学生的表达不太清楚，教师一时也可能不太明白学生的想法。因此，教师在学生说出自己的想法后应该追问："什么叫最合理？""最合理是不是用时最少？""怎样做可以实现用时最少？""哪些事情可以同时做？"等。在教师的追问下，学生进一步阐述了自己的观点，使师生更明白设计方案的意图。

（2）反问

比如，在引导学生研究"用排水法求苹果的体积"时，将之转化为"苹果的体积等于水变化的体积"，这是研究中的关键一步。针对学生的回答，教师在给予自己的再解释后反问学生："为什么苹果的体积会等于水变化的体积？""怎样可以计算出水变化的体积？""水体积的变化跟底面有没有关系？""水的体积产生变化是因为什么发生了变化？"这些问题的提出是为了确认教师的理解与学生的想法是否相符。

2.引导学生说出想法的理由或依据

开放性的思维很重要，而为自己的想法找个理由，或者给出自己想法的依据则更为重要。特别在研究性学习课中，教师不仅要让学生说出自己的想法，而且在一些情形之下还应引导学生说出想法的理由或依据。比如，当学生在研究"多边形的内角和公式"时，教师问道："大家为什么要把多边形转化为多个三角形？"当学生想象提出"三角形的个数跟多边形的边数有关系"时，教师又紧跟着问："你们找到规律了吗？"教师的这些提问都是意在促使学生说出自己想法的依据。

3.激发学生在"无疑"处"生疑"

为达到激发学生思维的目的，在力图理解学生回答的基础上，首先，教师需在学生有疑之处提问；其次，教师还需在学生自以为无疑却实则有疑之处提问。譬如，对于学过加法的小学生而言，如何确定8+8+8的答案不是很困难，只需将三个数字相加即可。然而，由于接下来要学习乘法，为了减少运算步骤、为了使学习过程更加有参与感，教师可以通过使用教具或者板书方式直观进行展现。从部分学生一开始的回答看，他们并没有注意到此问题，只是单纯地将数字相加，认为"按照先后顺序加在一起就能得出结论"。对此，教师没有马上做出评价回应，而是问："还有更简便的算法吗？"以此来激发学生深入思考。再比如，在师生共同探讨检验问题时，教师从学生的有关回答中感受到学生的潜意识中只有"通过加法结果检验乘法运算是否正确"这种情况，此时，教师提问："这个验证方式是否简便？如果简便我们就可以用它，那如果还有更简便的办法呢？"进一步地，教师继续追问："要想保证我们尽可能快地得出结论，应该要怎么做？"这些提问让学生更深层次地思考有关问题，更深切地体验数学研究的态度、方法与过程。

值得注意的是，不管是预设性提问，还是生成性提问，教师要始终把自己定位为学生学习的组织者、引导者、合作者，其作用是耐心地促进学生学习的主动性、积极性，让学生的数学学习成为一个富有个性的、勇于探索的学习过程，让学生体验数学在解决实际问题中的价值与作用，从而发展学生发现问题、分析问题、解决问题的意识与能力。

第六章　案例分析下数学课堂讲解技能探究

从 2000 多年前孔子的"私学"、唐代教育家韩愈《师说》中的"师者，所以传道授业解惑也"和柏拉图的"学园"，到现在新课标所提倡的"素质教育"，都是强调用讲解这一最基本的方式进行教学的。我们可以看到，从古至今，讲解在课堂教学中以其独有的优点受到教师的偏爱。本章将带领读者探究这一流传至今的教学活动，首先，概述其含义构成使读者对其有所认知；其次，对讲解技能的类型进行分类阐述；再次，探究当今课堂中教学讲解技能的现状及需要注意的问题；最后，通过其优化策略与实训来升华课堂效果。

第一节　理解概念：什么是数学课堂讲解技能

一、讲解技能的定义

讲解是教学最基本的手段，是教师运用简明、生动的教学语言，辅以各种教学媒体，通过叙述、描绘、解释、推理、论证等方式将知识、经验及其形成过程呈现给学生，帮助学生了解掌握的一种技能。

首先，教师利用语言，可以在比较短的时间内将所思所想大量且有序地传授给学生，帮助学生理解和掌握知识；其次，通过教师的分析、归纳、推理等一系列的教学活动，揭示教材中微观、抽象的内容间的内在联系、形成过程，使学生得到正确的思维训练；最后，教师通过语言表达自己的情感，与学生进行情感交流，渗透数学文化价值，培养学习兴趣。

下面以"小数的认识"① 的教学片段为例来说明。

---

① "小数的认识"为数学三年级下册第七单元所学内容。

师：同学们，我们来回忆一下，我们之前学习的运算方式有哪一些呢？

生：加法、减法、乘法、除法。

师：这些都是我们一开始就学习了的。同学们来回忆一下，学习除法的时候是不是会有余数？

生：有！

师：现在老师写两个数：1.1，2.1。这两个数又是什么数呢？

生：……

师：观察一下，首先它们是数字，那是完整的数字吗？

生：好像不是。

师：这就是小数了。

生：原来如此。

师：同学们能不能也自己动手"制造"几个小数？

（学生踊跃回答）

师：是的，在数学上，我们把这种带小数点的数叫作小数。

通常情况下，"小数的认识"概念的讲解会比较枯燥乏味（如以上案例），其教学过程就是简单的一问一答，教师很单调地引导学生明确"我们还存在一种数叫小数"。对于学生来说，他们的思维比较跳跃，接受知识的效果就会没那么好，尤其是对于基础一般的学生来说，需要花很多时间去理解，这就使得他们很难跟上教师的节奏，也就难以达到相应的教学效果。相反，再看下面的案例。

师：同学们！请大家把自己今天的体温测量结果写在草稿上。

师：请把自己的体温测量结果读给小组成员听一听。

师：有没有同学的体温达到或者超过了 37.3℃？

生：没有。

师：（找三个同学把体温测量结果写在黑板上）请大家一起把这三个数读一遍。

生：36.2℃、36.3℃、35.9℃。

师：大家读得很准确。这三个数以前我们没有见过，大家知道这是什么数吗？

生：小数。

师：你是怎么知道的？

生$_1$：我妈妈带我去超市买东西的时候上面很多价格都是用小数表示的。

生₂：我知道自己的身高是一点三六米。

生₃：我上次跑六十米的成绩是十秒三。

师：同学们试着猜想一下：这些结果为什么要用小数表示呢？

生：因为用整数表示不了。

师：我们试着用米尺来量一量黑板的长度吧。你们估计有多长？看谁估得最准确。

生：估计有两米多吧。

师：（组织测量）两米多，不够一米的部分怎么办？

生：用小数表示。

在上述案例中，教师首先通过学生身边最熟悉的体温测量入手，尝试写小数、读小数，然后让学生说出身边熟悉的小数例子，最后组织学生上台自己动手操作。整个教学过程比较活跃、有趣味性，容易吸引学生的注意力。若一味地灌输，很难调动学生学习的积极性和主动性，容易产生"满堂灌""注入式"等问题。所以，对于内容比较抽象的数学概念，在课堂教学中应当特别注意发挥学生的能动性，只要改变一下讲解方式，就会产生不一样的教学效果。

二、讲解技能的要素

（一）讲解中的结构

教师在确立新旧知识联系、新知识的内在联系的基础上，根据学生认知结构和认知水平，提出问题、论据、论点，从而形成讲解结构。利用讲解结构，可以使教师的讲解条理清楚、逻辑清晰、主题明确，有利于学生学习和思考。

讲解结构有三个层面。第一个层面是组成结构，包括引入（引入题目导论）、主体（议论、推理、论述）和总结（结论、结果）。成分结构的设计要由浅入深，由近及远，由易到难，由表及里，由已知到未知，由简单到复杂。这样，能使讲解条理清楚，有的放矢，突出知识体系中的基本内容，起到"削枝强干""以主带从"的作用，便于启发学生思维。第二个层面是数学教学语言结构，由通俗语言、教学型数学语言、数学语言构成，三类语言的四种常见组合、转换方式合奏出一曲数学教与学之歌。第三个层面是数学语言结构，由属于叙述性表征的文字语言、符号语言，以及属于描述性表征的图形语言、模型语言、情境语言构成，不同表征语言的转换、互译，激荡出一曲数学思维的奏鸣曲。

（二）讲解中的语言

讲解技能体现为组织结构与表达程序，实质是借助语言对知识的剖析和揭示，向学生呈现数学知识的成分和数学知识的逻辑脉络与形成过程，揭示数学知识之间以及数学与外部世界的诸多联系。

讲解的语言要准确、发音清晰、紧凑连贯；语音、语速、语调、音量应符合讲解的内容与情感表达的要求。讲解的语调要有节奏，有轻重缓急之分；讲解的语速要适合学生加工与存储信息，要渗透热爱学生喜爱数学的底色；阐述数学事实等的句子要确切、明白。总之，教师要加强语言训练，做到字正腔圆、清新悦耳、表述清晰、层次分明。

讲解需要"停顿"。数学教学语言不能"处处连续"，应有目的地用"间断"的语言讲解，即在两句阐述数学内容的语言之间，给予恰当的停顿，在时间上给予"间断"，让学生用自己的思维把"间断"的问题解决，把教师设置的"间断"的逻辑过程"链接"起来。

讲解要有"趣味性"。教师必须使自己的讲解充满"趣味性"，富有"吸引力"。数学语言要准确、精练、逻辑严密，但文字语言，尤其是符号语言抽象、不易理解。因此，教师要用有感染力、生动形象的语言去调动学生的有意注意，把深奥的道理浅显化，把抽象概念形象化，把复杂问题简单化，把一般问题具体化，把陌生问题熟悉化。

（三）讲解中的例证

数学知识是抽象的，教师常常结合具体的实例、证据进行讲解。这种从具体到抽象，引导学生认识并建构数学概念、原理、思维方法的方法，是重要的讲解手段。教学中，利用学生已知的数学知识，利用图表、例题，利用正面、反面的例子、故事及相似的例子，向学生传递数学知识的含义，帮助学生加深对数学思维方法的理解，这就是结合例子的讲解。例证一般是为了讲清某一个问题的例子，一般是简单的、涉及单一方面的，是学生易于理解或是学生已知的旧知识。

讲解中运用的例证，要与所讲的概念、原理紧密相关。例如，在学习"小数比大小"时，学生常常不理解为什么"小数位数越多这个数就越大"这句话是错的。

教师结合例证进行讲解：对比 3.1415926535 与 4.2，我们一起通过画蛋糕图去理解，老师在黑板上画的圆圈就表示蛋糕，左边是 3.1415926535 个蛋糕，右边是 4.2 个蛋糕，那么同学们来看看哪个蛋糕多呢？生：右边多。师：没错，就算小数点后面的数字再多也没有一个整数 1 大。

讲解中运用的例证，要符合学生的认知水平。例如，讲解"带括号的四则运算"时，对于开括号前的顺序与开括号后的顺序，学生常感困惑。教师结合恰当的例证进行讲解，能起到很好的解惑功效。

讲解中运用例证，要恰当使用正、反面的例子。为了引入某个数学概念、定理、公式、法则而举的例子都是正面的例子。从旧知识引入新知识，从具体问题归纳、抽象、概括出一般性问题所呈现的正面例子，有助于学生理解新知识；得到定理、公式、法则之后，为了让学生认识深刻，记忆清晰，也为了应用，教师常举符合定理、公式、法则条件的正面例子；回忆以前学过的数学事实、数学方法，也常举正面的例子。表明某些数学命题不成立的例子则是反面例子，简称反例。在学生初步掌握某一数学知识之后，从不同角度引入反例与变式，可以帮助学生理解本质属性。教学中，当学生对某些数学结论的条件记忆不清，或理解片面时，可以结合反例讲解；凡是逆命题不成立时，教师在恰当的时候应举出反例；针对学生经常出现的错误，教师可以举出"有缺失"的反例。

（四）讲解中的联结

讲解中，教师要仔细安排各种要素的先后次序，选择恰当的起联结作用的讲解说明词语，用以讲解、论证这些要素的关系，使讲解成为连贯、完整、系统的对某一数学对象的阐述。数学教学中，从旧知识引入新知识，为讲清原理而举例子，利用数学一分支的理论解决另一分支的问题，同一问题的不同解法，由具体问题的解法抽象出数学思想方法等，这些问题之间恰当的、有逻辑意义的联结，构成教学中连贯、清楚的讲解。此外，大量数学问题的解决涉及逻辑推理，要通过定理、公式、法则将不同的数学事实联结成推理性讲解，通常要采用三段论推理形式进行讲解。例如，在讲解"合理安排时间"内容时，对于"可以同时完成的事情要安排同时做"这个数学新知识，教师为了讲清原理就必须要举一个生动的生活实例去进行阐述。

（五）讲解中的强调

讲解过程中，需要突出某些数学内容，这就是讲解中的强调。对于新的数学知识的本质内涵，新旧知识联系，各种数学方法思想、思维策略，学生在学习时往往难以准确把握，教学中除要求教师采用强化、变化等技能进行强调外，还要求教师在讲解中使用语言进行强调。讲解中的强调，主要强调教学中的重点内容、关键点、数学思想方法、数学学习方法。强调的主要方法，一是与变化、强化技能相配合，二是与结束技能配合，通过总结、活动等方式进行强调。

（六）讲解中的反馈

教师在讲解新知识的过程中，要关注学生是否听明白，掌握得如何，要随时注意获取学生学习的注意、兴趣和理解、掌握程度等反馈信息。讲解时，一般可以通过观察学生的表情、行为和操作活动，留意学生的非正式发言，捕捉学生的兴趣、态度、注意力的变化，从学生回答问题或提出的问题中了解学生理解、掌握知识的程度，从而获得反馈信息。教师可以根据反馈信息及时调整讲解的方式和速度，调整教学内容，使大多数学生能够跟上教学进度，达到教学目标的要求。

三、讲解技能的构成

讲解技能是一项综合技能，以使用语言为主，还包含和渗透着提问、演示、导入、结课、强化、变化、组织学生的学习活动等多项技能。就其特点来说，无论何种类型的数学讲解技能，其构成一般包括建立讲解的结构框架、突出重点的讲解方法和突破难点的讲解策略等。

（一）建立讲解的结构框架

在数学课堂教学中，为什么要建立讲解的结构框架呢？建立讲解的结构框架，实际上是对讲解内容进行分析综合的加工处理过程。讲解之前不建立结构框架，或对系列化问题缺乏清晰序列构架，对知识间内在关系不甚明确，将使讲解处于孤立突兀状态，不利于学生形成完整的认知结构及进行深入思考。

在数学课堂教学中，怎样建立讲解的结构框架？一篇好文章，需要作者精心构思的启、承、转、合，连接的基础是一条线索；一个讲解的结构框架也需要一条主线，这条主线一般包括教材的知识结构、学生的认知结构以及教学方法的组织结构，其中教材的知识结构是核心。这条主线一般表现为提出问题、思考问题和解决问题的过程。实施中的要点，可以简单概述为：创设情境、延时判断、清晰表达和适时概括。

1.创设情境

设置悬念或者系列提问可以创设问题情境，这对形成讲解的结构框架有重要作用。创设问题情境，可以激发学生的认知矛盾冲突，引起学生的注意和兴趣。在此基础上，展开问题的讨论，直指研究对象和研究成果，形成讲解的主线和中心议题，建立讲解的结构框架。

2.延时判断

延时判断就是教师给学生留下思索和判断的时间，不能急于用自己的思维过程替代学生的结论，更不能用"满堂灌"的讲解替代学生的理解。延时判断是教师讲解时的有意停顿，对解决问题有积极的激励的作用，是讲解的结构框架的重要组成部分。教师给学生留下判断时间的长短，涉及课堂信息反馈和讲解进度调控等问题，也涉及学生的学习程度，需要教师很好地把握。

3.清晰表达

设计清晰化的表达方式，可以强化讲解的结构框架，并利用板书简明、直观的特点，将讲解的主要内容概括地呈现在黑板上，以表达知识的逻辑关系和思维过程。此时的板书就是清晰化展示的重要方式，是讲解框架的有效组成，它与示范性板书的要求有所不同。

4.适时概括

适时概括强调在最佳的时间里给出方法的总结、推广和理论的提升，这对学生正确认识数学、形成数学思想、发展学习能力、优化知识结构都有相当重要的作用。在适当的时机引导学生对讲解的内容进行概括是讲解结构框架的重要组成部分。

（二）突出重点的讲解方法

突出重点是讲解结构框架的核心成分。课堂教学中，教师处理好重点和非重点的关系，解决好重点问题，是讲解的关键。教学重点是指教材中最基本、最主要的内容，这些内容在众多的教学内容中处于主导地位，是主要矛盾。要突出重点，先要让学生明白什么是重点。在讲解时，要有详有略，少讲或略讲一般问题，将学生的注意力吸引到重要和基本的信息上，将重要的关键信息从背景信息中突显出来，减少次要因素的干扰。要知道，舍不得简化就腾不出时间去突出重点。重点和非重点是一对矛盾，解决得好，既可以突出重点，又可以照顾非重点，使讲解的层次更加清晰。教师在讲解过程中，为了突出重点，可采用以下做法。

1.运用强调语言

运用强调语言可以起到提醒作用，突出讲解的重点。成功的强调语言来源于对新旧知识的联系和对新知识结构的透彻分析，在讲解中遇到关键要素或需要分析新知识与原有知识的联系和区别时，可以放慢语速，提高语调，加重语气来吸引学生的注意力，提醒学生这是重点。强调的语言要肯定有力。有时，讲解中巧妙设计对比，配合抑扬顿挫、轻重缓急、强弱快慢、张弛疏密的教学语言，可以获得最佳的教学效果。有时生活化的语言，如"这很重要""稍后我们会回到这一点""记住这一点"等口头用语以及丰富的面部表情和肢体语言也能起强调作用，可见强调语言的形式是多种多样的，但切记简单地重复结论不等于强调。强调语言的运用形式体现了教师的教学风格。

2.借用板书提醒

借用板书的提醒功能，可以突出讲解的重点。教学时，教师可以准备一些彩色粉笔，在关键点用彩色粉笔书写或用彩色粉笔标注，以吸引学生的注意力，提醒学生这是重点。使用板书突出重点，有时也辅以语言的停顿和故意的出错。

3.慎用语言重复

讲解语言的重复，虽然可以突出重点，但容易引起学生反感，所以应该慎用。为了突出重点，不得不进行知识点反复讲解时，应设计"内容重复而语言不重复"，换个角度进行讲解。对于基本技能的培养，要及时强化，反复训练。教师可以变换问题情境，设计题组训练，在不同的认知层次上多次呈现基本技能点，让学生牢固、灵活地掌握。

（三）突破难点的讲解策略

教学的难点是指学生不易理解与掌握的知识和技能。教学内容有易有难，如果教师不能帮助学生解开思想上的疑团，这部分内容学生不仅听不懂、学不会，还会给以后的学习带来困难。因此，教师在教学时，除突出重点外，还要想办法突破学生学习的难点。造成难点的原因有多种，教师要针对具体的情况，采取相应的办法分类解决。基础知识准备不足的，可以回顾相关知识恰当铺垫；基本技能训练不到位的，可以设置问题阶梯拾级而上或辅以信息技术直观呈现；思想方法欠缺或逻辑混乱的，可以设正反例证化难为易，或者指导数学阅读化繁为简；等等。

第二节　渗透内涵：数学课堂讲解技能的类型

讲解技能是指教师利用口头语言对知识进行剖析和揭示，帮助学生理解、掌握知识的课堂教学行为方式。我们知道，单纯的讲解有本身的局限性，它的目的范围也是有限制的。只有讲解与问答、讨论、板书、练习等不同教学技能相结合时，讲解的目的才能进一步扩大和发挥。例如，单纯讲解获取反馈是比较困难的，若讲解与提问、练习相结合就不难解决反馈问题了。

讲解技能的类型可依据不同的标准进行划分。根据学生的接受方式可分为理解型讲解、释疑型讲解和探索性讲解；根据知识类型划分，一般可分为定义式讲解、描述式讲解、解释式讲解、探究式讲解、类比推理式讲解。下文介绍其中两种。

一、定义式讲解

定义在数学课堂教学中本身就比较枯燥乏味，很难引起学生的兴趣。在学生进行回忆或观察的过程中，教师要启发他们认识各种事物或事实所具有的基本属性或特征，在感知的基础上，引导他们进行分析、比较，排除次要因素，抓住主要因素，对一系列事物的共性进行综合概括，明确它们的基本属性和本质特征。定义式讲解是通过揭示事物的本质属性，利用已有的知识、思维等建构由表象到内化的认知的一种讲解技能。定义式讲解技能具有以下特点。

（一）建造情景讲解

在进行概念教学时，应使学生在各种情境中接触概念，以使其便于接受和理解。例如，在导入一个新概念时，最好使用实物、事实和事例等，并做必要的说明，使得有关事物连续出现，相同的刺激重复出现，让学生易于区分哪些是重要的属性，哪些是次要的属性。概念教学的理想方式是先教给学生一些典型的问题，识别出哪些是概念的主要属性，然后再教一般事物，最后识别特殊事物。

（二）灵活变换讲解方式

在学生初步掌握了概念以后，可以变换概念的叙述方法，让学生从各个层面来理解概念。概念的表述可以是多种多样的。如质数，可以说是"一个自然数除了 1 和它本身，不再有别的约数，这个数叫质数"，也可以说"只能被 1 和它本身整除的数叫质数"。学生对各种不同的叙述都能理解，就说明他们对概念的理解是透彻的、灵活的。

（三）带着联系去讲解

学生学习一个新概念时，要尽可能地与以前学过的知识联系起来。这样不仅为学习新的概念奠定基础，也有利于对概念进行分化，较深地理解新概念，从而使所学的知识系统化。

例如，在"测量"①的教学片段中，在讲解了"毫米、分米和千米"定义之后，就必须与"长度单位"（人教版二年级上册第一单元）的定义进行对比讲解，见表 6-1，找出其区别与联系，这样才能让学生在已知的学习中巩固新学习的定义知识，形成一个扎实的知识框架。

表 6-1　毫米、厘米、分米、米、千米

	换算	英文单位
毫米	1 毫米（相当于圆珠笔尖）	mm
厘米	1 厘米 =10 毫米	cm
分米	1 分米 =10 厘米	dm
米	1 米 =10 分米	m
千米	1 千米 =1000 米	km

（四）反向列举，帮助记忆

在描述概念所包含的各种事例，从中分析抽象出概念的特征时，不能仅仅显示与概念特征相一致的事例，也应显示与其特征相反的事例，尤其是一般容易弄错或搞混的事例，以利于学生明确概念的内涵和外延。

以"小数的大小比较"教学片段为例。

师：同学们，我们已经学习了什么是小数，接下来我们来判断下面式子中哪些是正确的？哪些是不正确的？

（1）2.5 > 2.34516

（2）11.0 < 12.5

（3）3.3 < 3.6

（4）5.15673549 > 6.1

（5）11234.2 < 2.05348135

师：同学们的判断都是正确的。那么，判断的方法是什么呢？

生$_1$：先比较整数部分，整数部分大的那个数就大。

生$_2$：小数部分不管有多少位数字，它都不会大于1。

生$_3$：小数的大小与它的小数位数没有直接的关系。

---

① "测量"为人教版三年级上册第一单元所学内容。

对于"小数的大小比较"定义的讲解，教学中利用了5个例子，这5个例子中有整数部分大小相等、小数位数相同的，有整数部分大小相等、小数位数不同的，有整数部分大小不相等、小数位数相同的，也有整数部分大小不相等、小数位数也不相同的。使学生从定义的几个关键词出发，结合正、反面的例子，更好地理解概念中的关键信息。

二、对比解释式讲解

对比解释式讲解是指教师用简洁严谨的语言具体讲解事物、事理的含义、原因等，利用已有的类似知识迁移，形成对比，进而用简洁的语言解释说明，突出教学重点的一种讲解方式。

对比解释式讲解技能具有以下特点。

首先，讲解不同于讲授，重在"解"，通过前后知识的联系和区别形成对比，发展学生的转换思维。运用解释说明方式，使学生认识事物的现象、发展变化、本质特征和内在联系，更深刻地理解教学内容。

以"百以内加减法"[①]的教学为例。

当进行"100以内进位加减法"时，出一道算式：$54 + 8 = (\quad)$，让学生先动手演算，在演算过程中发现怎样计算更简单，让学生各抒己见。然后引导学生进行思维训练，先看较大的数需要加几变成10，就从小数中取出几，把大数凑成整十，即 $54 + (\quad) = 60$，学生很快口算出要从8中取出6，就须将8分成6和2，即 $54 + 6 + 2 = 62$，这便是拆小数补大数了。

但要让学生明确知识之间的联系与区别，化复杂为简单，可试着提问：同学们还有别的算法吗？就有同学提出"拆大数补小数"的想法，要从54中取出2得52，将52和8相加凑成60，然后加2得62，即 $52 + 2 + 8 = 62$，可不可以呢？回答是肯定的，也可以。但要求同学们对比一下，是拆大数补小数简单呢，还是拆小数补大数简单呢？学生展开课堂讨论，对两种算法进行比较，显然拆大数补小数没有拆小数补大数的方法简单，从而降低了教学难度，使学生易于接受。

同样的道理，为了使学生牢固掌握拆小数补大数的计算方法，教师在课堂思维训练中又设计了类似的应用题。例如，有两个同样大的兔笼，每笼最多只能装10只小兔，其中一笼装了4只，一笼装了8只，请同学们想一想，应该先将哪一

---

① "百以内加减法"为一年级下册第六单元所学内容。

笼装够 10 只，该动哪一笼较容易？通过前面的教学，同学们很少有争议，一致认为装 4 只的那一笼动起来容易，理由是要使 4 变成 10，需要添 6，而要使 8 变成 10，只需要从 4 中取出 2 即可。从而使学生更加明确"100 以内进位加法"中，拆小数补大数计算简便，从而形成概念固定下来。

其次，讲解不是照本宣科，而是对教学内容的知识迁移、对比，解释说明其区别和联系，发散思维，引导学生更深刻地认识。例如，在"统计与概率"①的讲解中，可以通过许多生活中的例子让学生判断。这样不仅能让学生从生活实际出发学习数学，而且还能激发学生的想象力。但教师也要注意不要任由学生天马行空地想象，脱离课堂本身。

第三节　探索现状：数学课堂讲解技能实施现状

经过观察，笔者发现虽然在多媒体环境下数学教师讲解行为有很多优点，但有些教师的讲解还是过于啰唆，没有充分利用多媒体技术，仅仅把它当作电子屏幕而已。笔者认为，影响数学教师讲解行为的可能因素有以下几点。

一、传统教学理念的影响

在一些教师心中还存在着传统的教育教学理念，他们认为"师道尊严"，强调"一切以教师为中心"，教师是信息的组织者、传播者和把关人，是教学活动的主体；学生是被动的、消极的信息接收者，学生的主动性和能动性受到压制。教师最为关注的是学生的学习成绩，而不是学生学习的心理。如传统的"填鸭式"教学法，教师单向灌输知识，学生消极被动地接受知识，并如同仓库一样存储知识和积累知识，以既定的答案为最终和唯一的答案，学生自然而然地变成了书本和知识的奴隶。长此下去，学生只能接受"灌输"式的教育，思想都被禁锢了，又怎么能培养他们的创新思维呢？所以教师要放下架子，尊重学生，真诚地与学生交流。具体地讲，就是教师要改变过去的观念，既要接纳学生独特的个性行为或表现，又要创设良好的教学环境和交流条件，让学生充分自由地展现自己，身心愉悦地体验到做人的尊严感和学习的幸福感。所以，教师也要不断更新自己的

---

① "统计与概率"为五年级下册第六单元所学内容。

教育教学理念，对传统的理念要做到去其糟粕，取其精华，形成符合实际的教学思想和观念体系。

二、时间与任务繁重的影响

作为一线教师，担负着繁重的教学任务，更何况还有很多数学教师担任着班主任工作，经常时间不够用，因此，没有那么多的精力时时以新的教育理念来组织教学活动。课上讲解时，大部分教师偏重于知识的传授，而忽视传授的方法和被传授对象的接受能力和接受效果，也无暇关注学生在学习中的心理变化。教师整天以备课、上课、批改作业为中心，很难静下心来思考自己教学行为的选择和实施的效果。

三、自身教育观念的影响

课堂讲解行为是一种在自身教育观念形成后才能进行的活动，正因如此，正确的讲解观是借由教师自身所具备的专业性与观察不同时期学生的不同特色而形成的。教师的这种观念渗透在教学讲解中的方方面面。教师在教学讲解中的误区主要在于：首先，单纯将讲解概念等同于灌输概念，忽视了讲解的方法与手段，也忽视了对更有效讲解方式的探索；其次，教师对讲解行为的认知还停留在片面的认知上，认为讲解是将知识讲述出来。这种错误的教育观念影响了教学过程中的讲解行为，导致部分讲解未能产生应有的效果。

第四节　案例分析：数学课堂讲解技能应用策略及实训

一、数学课堂讲解技能的应用策略

（一）语言标准，内容准确

讲解是以语言为基础的。教师的讲解，首先要声音洪亮，吐字清晰，以学生听清为宜，语速快慢适当，感情充沛感人，在课堂教学中给人一种自信、稳重的感觉；声调抑扬顿挫、富于变化，但不要大起大落，应能够准确生动地表达自己的思想和情感。

科学地传授数学知识是课堂教学中教师的第一要务，讲解的内容一定要准确无误。教师的讲解不仅要传授知识，还要教会学生学习数学方法，剖析知识体系的结构，从而使学生形成数学思维。

（二）语言要具有逻辑性

讲解的语言与日常说话不同，要经过精心的组织策划。真正有效的讲解应该是语言精练、感情充沛、生动活泼、一气呵成的如行云流水般的表述，讲清所讲的内容与前后知识及相关学科的内在联系，传授数学思想方法。一般在课堂上，学生大多比较喜欢语言丰富、感情充沛、幽默机智的教师。尤其是数学课堂上，数学知识不仅环环相扣、天衣无缝，而且条理清晰、重点突出。因此，讲解时就要求教师有很强的逻辑性，主次分明，突出重、难点。

（三）神态自如得体

俗话说："自然的才是美的。"稳重、端庄、大方的教态会给学生一种庄重、严肃、认真的感觉；面向全体学生，教师与学生有眼神的交流，能够让学生体会到轻松的环境、活跃的氛围，保持兴奋的精神状态，在学生心中树立良好的形象，从而对学生的学习态度及学习方法产生很大的影响。

（四）同其他技能进行巧妙配合

如前所述，单纯的讲解会比较枯燥，很难达到讲解所应有的效果，但有经验的教师在数学课堂上，能巧妙地利用讲解技能与其他技能的有效配合，充分发挥各种技能的优势。

（五）注重交流，启迪思维

课堂中师生之间的交流是最重要的环节，是否关注学生成为教师课堂教学成败的关键。由于教师的讲解更多地关照学生的接受程度，所以在讲解过程中与学生的沟通交流成为人们关注的焦点。

二、数学课堂讲解技能的实训

（一）设计讲解语言

语言是思维的"外衣"，数学的讲解技能是以语言为工具的。教师讲解时语言运用如何，关系到讲解的质量，讲解是否成功在很大程度上依赖于语言的设计和临场的发挥。那么设计讲解语言有哪些具体的要求呢？

第一，准确、规范，条理清晰。设计讲解语言要做到准确和规范，数学学科有自己的概念和理论体系，准确和规范是学科的基本要求，即教学语言要符合语言规范，做到用词准确、语句通顺、语音纯正、语法规范。数学教师要做到教学语言科学准确、规范简洁就要做好教学前的准备，分析教学内容的层次，制定科学的教学目标，同时设计讲解的结构框架，拟定问题的讲解序列和必要的停顿，设计突出教学重点的教学方法和突破教学难点的教学策略，教学时言简意赅，切中问题的要害，只做必要的调整，不做无目的的重复。条理清晰也是一项基本要求，如果数学教师的语言缺乏逻辑，条理不清，重复累赘，或者在讲解时漫无边际地自由发挥，势必造成课堂冗长，或不能达到教学目的，或无法完成教学内容，学生亦谈不上新知识的获取、思维的训练和美的感受。

第二，感情充沛，生动形象。课堂讲解时教师不能照本宣科。讲解要取得好的效果在很大程度上依赖于教师生动形象的语言和炽烈的感情。教师讲授要感情充沛，语言表达要清晰简洁、生动有趣，富有表现力和感染力，切忌干瘪呆板，没有节奏，缺乏感情。语言生动形象，集中表现在语言绘声绘色，幽默诙谐，语音手势恰到好处，常常伴随着形象贴切的比喻等。教师教学中的讲解语言越形象生动，选用的例子越贴切，学生就越容易理解。这比一大堆枯燥的纯专业语言要实用得多。生动活泼的语言、具体形象的比喻常常能取得很好的教学效果，可以使枯燥的数学课堂变得出神入化，令学生神往陶醉，使学生产生学习的兴趣进而形成志趣。

第三，语言流畅，简约紧凑。语言的流畅包括两方面内容：一是讲话连贯紧凑，没有吞吞吐吐和"嗯、啊"等游移拖沓的现象；二是讲解意义连贯紧凑，没有分散、跳跃的现象。如何才能使讲解语言流畅紧凑、富于美感呢？一般来讲，要准备充分，充满自信，同时辅以必要的训练。具体讲，要做到流畅性，就要充分做好课前准备，理出教材的逻辑性，使语言的表达有层次、有目的。语言的简洁流畅常常体现出说话者分析问题的快捷与深刻，能增添数学教学的魅力。要做到流畅性，讲解语言就要准确明白，句子结构完整，发音正确，用词准确。对讨论的问题的关键词要事先"吃准"，有所准备；将讲解中具体问题的结论与取得结论的依据或前提条件弄清楚，将依据与结论之间的关系交代清楚。语言的简约化，要求教师做到化烦琐为简约，化生僻为通俗，化抽象为具体，化模糊为生动，真正快速有效地帮助学生掌握数学的本质。对于那些枯燥乏味、难以理解的知识，教师可以结合学生生活中的形象生动的例子来对他们进行启发、引导。活泼的生活语言能将深奥的、陌生的数学知识转化为学生熟知的，甚至是喜闻乐见的东西。这不仅符合建构主义的认知理论，也有利于培养学生的情感、态度、价值观。

（二）引入正反例证

引入正反例证是实施讲解的常用方法，是进行学习迁移的重要手段。例证能将熟悉的经验与新知识联系起来，是启发思维的有效手段。用通俗易懂的例证讲述数学问题，不仅直观，而且容易记忆，从而达到清晰化授课的目的。

有效地发挥讲解技能中例证的教学功能，设计例证时应注意以下几点。

首先，内容切合教学要求。课堂上，可以利用学生学过的数学知识，借助图表、数据，通过故事以及生活实例，向学生传授新的数学知识，加深学生对数学方法的认知，提高其学习数学的兴趣。为了教学达到目的，引入的例证一定要切合教学要求，应是教学内容所涉及的一类事物中的典型事例。

其次，层次适合认知水平。引入的例证应便于学生分析概括，要符合学生的经验和兴趣，所以引入的例证要能正确反映教学内容中的概念原理，符合学生的认知水平。

再次，数量符合过程需要。举例的数量对于获得新知识是充分必要的，少了不足以说明问题，多了容易使人厌烦。例子不在于多，而应对例证与原理之间的关系分析透彻，这样才能让学生举一反三。

最后，要注意准确使用正面例证和反面例证。学生容易从正面例证中获得新概念、新规律，在没有形成正确理解之前，对反面例证的否定是比较困难的，所以在引入新知识时，正、反两方面的例子交叉使用容易造成混乱。在初步理解了新知识后，再使用反面例证可使学生加深理解。

（三）注重观察学生课堂表现

传统教学中，教师更多作为课堂的主导者，导致有些教师往往忽视学生的反应，讲解像在背书。这是讲解的发展进程与学生理解不同步，以及讲解缺乏针对性、交互性的主要原因。运用数学讲解技能，必须充分了解讲解的不足之处。教师如果只注意自己讲，不注意学生学得如何、听得如何，是不会有好的教学效果的。教学是师生的双边活动，教师授课内容的信息流指向学生，学生接收信息后的情况反馈给教师，教师再根据学生接收信息的状况随时调节自己的教学行为，变换教学方式，有的放矢地引导和指导学生顺利地获得知识。

教师可以从以下方面关注学生的反馈信息：学生听课时表情是喜悦兴奋、认同，还是呆板、不解、疑虑或昏昏欲睡；学生的动作如打开书、举手等是迅速还是迟缓；学生的目光是集中还是分散；学生做练习、回答问题是否顺利正确；学生愿不愿意听讲，有无小声说话或做其他事情的情况；等等。

三、数学课堂讲解技能教学案例

（一）吃准关键词，把"是"理解为"等于"

例：苹果有 60 千克。苹果的重量是梨重量的 $\frac{3}{4}$，求梨有多少千克？

这道题的一般解题思路是审题过后，先找出这道题的单位"1"，判断单位"1"是否已知，然后列出数量关系再列式解答。但实践中往往有学生写不出题目中的等量关系。在这道题中只要能抓住关键字"是"，把"是"理解为"等于"，剩下的事情就好办了。于是上面这道例题就改编成：

苹果有 60 千克。苹果的重量等于梨重量的 $\frac{3}{4}$，求梨有多少千克？

这样学生就轻松地写出了这道题的数量关系：苹果的重量＝梨的重量 $\times \frac{3}{4}$。

类似于这样的题目，都可以引导学生把"是"理解为"等于"，这样学生对数量关系的理解就非常容易了。再比如："红花的数量是黄花数量的 3 倍"可以引导学生直接读成"红花的数量等于黄花数量的 3 倍"，于是学生就能轻松写出数量关系：红花的数量＝黄花的数量 $\times 3$。

（二）吃准关键词，把"比"理解为"等于"

例 1：篮球有 35 个。篮球的个数比排球多 5 个。排球有多少个？

在这类题型中，要抓住关键字"比"。与上一道题的"是"字类似，把"比"理解为"等于"。如上面的例题可以直接读成："篮球有 35 个。篮球的个数等于排球多 5 个。排球有多少个？"这样学生就能轻松地写出这道题的数量关系：排球的个数 +5 ＝篮球的个数。根据这个数量关系就能准确地解出这道题。

例 2：苹果有 90 千克，比梨子数量的 2 倍还多 10 千克。梨子有多少千克？

这道题是易错题。很多学生会把算式列成：90÷2-10，当然错误的主要原因是对于数量关系没有理解。按照上面的方式，我们把"比"字读成"等于"得出数量关系式：苹果的重量＝梨子的重量 $\times 2+10$。再根据代入法，学生就能轻松解决这个问题。

准确抓住数学中的关键字词，给予学生更加清晰的理解，那么学生在解决数学应用题中，会得到事半功倍的效果。

（三）根据知识内在联系，轻松解决放大还是缩小

在六年级下册的"图形的放大与缩小"的例题教学中，对于一个图形到底是放大还是缩小已有明确的说明。但如果要让学生独立去判断 1:3 和 3:1 哪个是放大哪个是缩小，估计有不少学生一时半会儿没有办法搞清楚。这个时候教师可以引导学生根据比与除法的关系，把比转化为除法进行计算，$1:3 = \frac{1}{3}$，$3:1 = 3$，这时就可以根据比值大于 1 就是放大，比值小于 1 就是缩小来进行快速的判断。

第七章　案例分析下数学课堂结束技能探究

第一节　理解概念：什么是数学课堂结束技能

一堂充满艺术魅力的好课犹如一支宛转悠扬的动听乐曲，导入"起调"引人入胜，让人神往；探究"主旋律"撞击心扉，扣人心弦；结束"终曲"绕梁三日，余音不绝。诚如特级教师李观博所言："一节课上下来后，也要注意这节课的结课方式。比方说，吃花生，如果开始和中间吃的花生都很香，而最后一颗却是发霉的，那么其结果不但香味没有了，而且留下满嘴苦涩。一堂课的结束也是如此，结课的好坏直接影响课堂教学效果。"①

一堂课的结尾如同农民收割庄稼，将所学的分散知识集中起来，进行系统的归纳总结，帮助学生完成从零散理解到系统认识的飞跃；课堂教学的结尾如同聚光灯，收拢学生纷繁的思绪，帮助他们厘清思路，使学生对所学知识了然于胸；课堂教学的结尾，又好像助推器，指引学生在旧知识的基础上探求新知。

课堂教学要经历若干阶段，每个阶段都有相应的任务和特点，而且后面的学习与前面的学习会互相影响。而通过小结，可以引导学生进行简要的回忆和整理，厘清知识脉络，找准新知识的生长点，进而建构良好的数学认知结构。

一、数学课堂结束技能的定义

数学结束技能是指当教师完成一项教学任务时，通过重复、强调、概括、总结以及学生实践等活动方式，对所学知识进行巩固，并及时系统化，使新知识稳固地纳入学生认知结构的行为方式。

---

① 李观博.我对提高中学数学教学质量的体会[J].北京教育,1980(7)：18—20.

数学结束技能既可应用于一节课、一个单元的结尾，也可应用于教学过程中任何相对独立的阶段。数学教学中讲完一个概念、一个定理、一个公式、一项法则、一道例题、一类问题之后，都应该使用结束技能。正是结束技能的运用，使得课堂教学变得张弛有度：时而节奏加快，引导学生投入高认知水平的思维活动，探究新知识；时而节奏舒缓，引领学生巩固新知识，建构联系，提升元认知能力。

学生总是基于已有知识经验进行新知识建构的，因而在学习过程中需要安排再认、重组、强化，以帮助他们在头脑中建构起新数学知识的认知结构，这就是数学结束技能运用的心理基础。

教学结束技能，有利于学生把握学习重点，及时消化、简化所学知识，促使学习内容系统化，可帮助学生厘清学习思路，强化记忆，从而增强教学整体效果。它不仅是结束课程，也是整个教学内容的归纳和整理，是教学重点的进一步突出。据研究，教师在课堂上及时帮助学生总结课程内容，及时地回忆、巩固，要比下课 6 小时以后的记忆效率高出 4 倍。一堂课的结尾如何，也能衡量出一个教师教学艺术细胞的多少，掂量出教师教学基本功的强弱，且能直接影响学生的学习兴趣、思维习惯和学习效果。

二、数学课堂结束技能的功能

古人写文章追求"凤头、猪肚、豹尾"，完美的课堂也是如此。优质的数学课堂结束是一堂课的"豹尾"，不仅简短，而且具有如下主要功能。

（一）回顾小结，系统认知

在数学课堂结束之际，教师引导学生围绕教学目标，有意识和有计划地将本节课的收获、要点，进行回顾与小结、梳理与概括，不仅使新的知识与技能、思想与方法纳入学生原有的知识结构中，而且有助于促进学生条理化、系统化认知结构的形成。

（二）及时巩固，检查反馈

在数学课堂结尾之际，师生的结束活动，能及时巩固新课，又能及时反馈问题。一方面，教师通过及时强调、提问、归纳、小结、点拨与延伸，可以加深学生学习印象，促进学生巩固学习成果，特别是对学习重点的理解与掌握；另一方面，学生通过自我回顾、自我小结、自我检查学习过程和结果的收获与困惑，为自己提供进一步学习需要的反馈信息。

（三）承前启后，拓展延伸

数学知识的结构性特点决定了数学课堂教学必然是一个循序渐进、环环相扣的有序过程。在数学课堂结尾之际，教师除对该堂课进行回顾与小结、梳理与概括等活动外，还对后续的学习有所交代或指导，使得课堂结束更有意义，影响更为深远。这样的课堂结束，不仅能承前启后、衔接过渡，还有拓展延伸、让人回味无穷的功能。

三、数学课堂结束技能的基本成分

（一）调适心理

数学结束技能体现的是教学活动的转换——从一个数学学习活动转入另一个数学学习活动，因此，应帮助学生做好心理准备，这样才能引导学生积极主动参与到知识的总结、归纳、系统化，以及知识的应用之中。这就要求教师在某一概念、公式、法则、定理，或解决一个问题、完成一节课或一个单元教学之后，要向学生明确提示：要对这一阶段的数学知识、数学思想方法、解题思路与策略等进行概括与总结。提示的方式可以直接陈述，如"同学们，刚才我们学习了……，下面对……进行小结"；也可以以问题的形式引导学生进行总结，教学中对某部分数学知识通常先以主要问题的形式明确教学目标，当这部分内容学完以后，要求学生思考主要问题的解决途径与方法；还可以引导学生进行反思，如"经过刚才的学习，大家有什么收获和体会？请大家说说"。运用这些方式，能很好地让学生调适心理，为主动参与总结做好准备。

（二）加工知识

运用数学结束技能的主要目的是帮助学生巩固所学，因而重点在于对所学知识进行加工，即概括知识、沟通知识、深化知识、拓展知识、应用知识等。

1.概括知识

每一节课涉及的内容繁多，概括可使数学知识的主线变得清晰，使教学要点变得清楚、明确、突出。概念的意义、定理与公式的内涵、解题思路的突破口、每段教学的结论与关键点，都需要通过概括，以凸显其重要性。

2.沟通知识

不论任何数学知识的教学，都要经历引入、探究运用、巩固几个阶段。一旦这一过程完成，就需要将引入时提出的问题与获得的结论之间的关联剖析清楚。同时，要揭示新旧知识之间的区别，建立新旧知识的联系，形成知识体系与结构。

3. 深化知识

尽管概括知识与沟通知识都能起到深化知识的作用，但是还有一个重要的方面与深化知识关系更为密切，那就是数学思想方法的概括、提炼或渗透。因为对于一个定理的证明、一个公式的推导、一道问题的解决，都是在某种数学思想方法的引导下完成的。因而揭示解题过程背后的策略性知识，总结数学方法与解题思路，可以深化学生对数学的理解，使其把握数学思想方法、数学探究方法、数学论证方法，形成看问题的着眼点。

4. 拓展知识

教学结束技能的应用，如变式教学、拓展结论等，均为加工知识的重要手段。一题多解、多解归一以及变换题目的条件或者结论等手段，可帮助学生将所学知识进行拓展。

5. 应用知识

通过教学结束技能，教师组织各种类型的应用练习，可以帮助学生运用所学数学知识解决各种问题，促进学生巩固、深化所学知识。

（三）分析评价

自主评价、分析与评估是教学过程中的重要环节。在教学过程的某一阶段，或一节课、一个单元的末尾，教师要求学生交流本节课、本单元中的收获和疑惑，分析与评估不同的证明方法、解题方法，以及知识展开脉络，并进行比较、分析、评价、重构，能够帮助学生厘清逻辑线索与学习路径，提高学生的数学理解能力与判断能力。

第二节　渗透内涵：数学课堂结束技能的类型

关于结束类型，见仁见智。一般而言，数学课堂结束技能主要有两种类型：封闭型结束和开放型结束。封闭型结束也叫认知型结束，即围绕本节课的知识体系进行结束，它包括归纳小结法、练习巩固法、前呼后应法等。开放型结束则不仅关注本节课的学习内容，还拓展延伸到课后，它包括发散迁移法、引申拓展法等。

一、根据课堂结束的行为主体来划分

主要分为教师主导型和学生主导型两种。

（一）教师主导型

数学教学活动应引发学生的数学思考，鼓励学生的创造性思维；要注重培养学生良好的数学学习习惯，使学生掌握恰当的数学学习方法。

教师主导的结束技能，重在引领学生掌握数学学习的方法与思维策略，形成良好的数学学习习惯。如果总结概括仅仅涉及本课范围，可将其分为总结归纳法、练习评估法；如果总结概括的目的在于拓展本课内容，建立知识的纵向、横向联系，则可将结束技能分为新旧对比法、拓展延伸法、承前启后法。

1.课内知识总结

课内知识总结，重在厘清脉络、巩固新知、查缺补漏。

（1）总结归纳法

总结归纳法指教师用简洁的语言，将一节课的主要内容和数学思想方法提纲挈领地总结概括，从而给学生系统、完整的印象，促使学生深化对所学知识的理解和记忆，优化其认知结构。这一方法使用便捷、时间易控，教师意图也能顺利贯彻。从总结归纳的对象来看，可以是新课、习题课、复习课的总结概括。不论用于何种课型，都要强调对数学思想方法的总结概括。如在解决"如果 a 的 $\frac{4}{5}$ 等于 b 的 $\frac{3}{7}$（a、b 不等于 0），那么 a:b 等于多少？"这个问题时，教师要总结概括出两种基本的解题方法：比例法和假设法。

（2）练习评估法

练习评估法指教师在课堂结束时，通过提问或小测验等形式，对数学知识技能进行检测，并给予评价的数学结束技能。该方法虽为教师主导，但相当程度上体现了学生参与的主体性。通过练习、评估，可以加深学生对数学知识的理解与记忆，并让师生对教学情况有比较清晰的了解。

2.串联知识总结

（1）新旧对比法

新旧对比法突出新知识与相关旧知识的联系，并着重分析比较。这种凸显新旧知识异同的结束方式能让学生更为深入地理解数学内容，从而为新知识的生长建立稳固的联结点。新旧对比常渗透类比思想，如概念类比、结论类比、方法类比。方法的类比一般渗透进前两者的比较之中。类比可培养学生的联想思维，帮助其探索规律，提出设想，是一种发散的、直觉的合情推理。

数学概念的比较分析，是将新概念与旧概念、并列概念、相对概念、相近概念进行比较，找出本质特征，以及与其他概念的联系与区别，达到分化概念、将概念系统化的目的。如将比的基本性质、分数的基本性质与商不变的性质进行比较分析，能很好地促进学生对概念的理解与系统掌握。在进行总复习时，将四则运算定律在整数、小数和分数中的运用进行比较分析，能使学生更好地发现运算定律的本质特征。

（2）拓展延伸法

拓展延伸法，即在数学知识学习告一段落或在新课结束时，教师把学过的知识向其他方面延伸，以拓宽知识面，进一步加深学生的学习兴趣，帮助学生形成知识网络。这种结束给学生留下"言有尽而意无穷"的含蓄结尾，使学生展开丰富想象，进入知识的新天地。众多数学知识，往往是对先前知识的推广、拓展，在总结时必须指明，从而使学生对旧知识认识得更深刻，对新知识掌握得更牢固。如在教学"加法交换律"与"加法结合律"的知识后，教师出示一道拓展题："1+2+3+4+5+6+⋯+97+98+99 ＝？"通过对这道题的解答，学生对新旧知识的理解会更加深刻，除了对于"加法交换律"与"加法结合律"的进一步理解，对于题目中的省略号的认识则是对新知的拓展与突破。

（3）承前启后法

承前指与教学起始阶段相呼应，导入阶段的悬念、预习中的疑问，到结束阶段必须得到回应，将问号变成句号或感叹号，同时予以强调说明；启后指将本节课的知识作为下节课的铺垫和伏笔，为新知识的学习奠定生长点。启后应点到为止，避免画蛇添足。例如，"田忌赛马"的教学结束时，教师说："田忌因为听从了孙膑的建议，先用自己最差的马去应对齐王最好的马，最后赢得了胜利！在以后的学习中，我们还会接触到很多用来解决生活实际问题的数学策略，如合理安排时间、烙饼问题、快速打电话等。"

（二）学生主导型

学生学习应当是一个生动活泼的、主动的和富有个性的过程。认真听讲、积极思考、动手实践、自主探索、合作交流等，都是学习数学的重要方式。因此，在课堂总结概括时，突出学生的数学活动，不仅体现主体原则，也符合课程改革的基本要求。

数学学习的重要环节是知识的内化，而内化需要对学习过程进行反思，所以学生对所学数学内容进行总结概括，有助于加深自己对知识的理解，建立知识之间的联系，逐步完善认知结构。尽管学生给出的总结没有教师的精练，出现的错漏也多，但假以时日，随着学生总结水平的发展，他们会趋向完美和成熟。而且，有些数学知识，只有在学生自己进行总结、反思的情形下才能获得，如元认知能力与策略性知识。学生主导的数学结束技能可以是对一堂课的整体概括，也可以是对一节课中某一个方面的局部概括。

1.整体概括

一堂课所讲授的概念、定理、公式、法则及其来龙去脉，需要学生理解并掌握；在学习过程中产生的过程性知识、体验性知识，也需要学生进一步感受与反思，因而这两个方面成为对一节课进行概括的主要内容。如在教学完"圆的面积公式"后，可以让学生自我小结以下问题。圆的面积公式：用字母表示圆的面积公式，通过怎样的操作得到的面积公式，运用了什么数学方法。

2.局部概括

教学过程中，可以针对一节课的某一方面引导学生总结概括，以加深学生对教学重点、难点或关键内容的理解与掌握。局部概括可以比较自由地用于教学的任何一个环节，通过转换师生相互作用的方式，使教学过程富有变化。具体地，可以引导学生对一节课中的某个概念、定理、公式、法则的特征与使用方法进行概括；可以引导学生对解题方法进行概括；可以引导学生观察、分析数学问题，并对数学问题进行分析、拓展。例如，在教学完"乘法分配律"后，让学生对乘法分配律的结构特点、推广公式、注意事项进行概括，可以使学生对乘法分配律的应用规律有更好的理解。

（1）概括某一知识点

通过对一节课中的某个概念、定理、公式、法则的特征及运用条件的总结，促进学生重构该知识，实现新知识内化。如在教学完成"倒数的意义"后，让学生对"乘积是1的两个数叫作互为倒数"这个独立概念的关键点、易错点、限制点进行小结，有利于学生对概念的内化。之后，再通过一组相关的判断题进行强化则更完美了。

（2）概括解题方法

探讨一节课所涉及的例题、习题的解法，也是学生主导的结束技能类型之一。这样的总结概括有助于学生通过举一反三提高解题能力，建立起不同知识之间的联系，这也是变式教学运用于结束技能的体现。尽管学生总结解题方法的能力参差不齐，但经过自己总结得出的解题规律、方法等，更易于记住并能够迁移。例如，在教学完成"鸡兔同笼"问题后，引导学生用自己喜欢的方式总结一下解题方法，当然很多学生或许只掌握了某一种或某几种方法，但没有关系，教师可以综合多个学生的小结来整理出完善的解题办法，让学生对列举法、画图法、假设法、方程法、抬脚法、吹哨法、投降法等一系列方法有整体的认知。

（3）概括数学问题的特点

观察、探寻数学问题的解题思路，并对可能的解题思路进行评价，或对问题进行推广等，同样是学生主导的结束技能，一般由教师提供包含本节课知识点的题目，在不要求具体求解的情况下，让学生通过观察、联想，探寻题目的求解思路，并进行交流；随后对各种可能的思路进行评价，评价的侧重点在于可能性、简洁性、一般性、创新性等方面。例如，在完成工程问题的基本题型教学并进行一些相关练习后，让学生观察、探寻工程问题的特征及解题思路并进行交流。如果能进一步在教师提供素材的前提下模仿出一道类似的工程问题，则表明学生对工程问题了然于胸。

二、根据课堂结束的目的来划分

主要分为归纳总结型、交流分享型和拓展延伸型三种。

（一）归纳总结型

归纳总结型是指在数学课堂结尾时，教师或教师引导学生对学习过程与结果进行归纳、总结和概括的一种教学技能。归纳总结是数学课堂结束常用的技能之一。一方面，归纳是数学的一种基本思想，总结与概括是学习数学的一种基本方法；另一方面，数学知识的抽象性特点是归纳与总结、抽象与概括的结果。

运用归纳总结型进行数学课结束时，方法很多。就归纳总结的主体而言，可以分为教师为主的归纳总结与学生为主的归纳总结。就归纳的手段而言，可以直接对照完整的板书来归纳总结，也可以借助小黑板、挂图、投影仪或多媒体等手段进行归纳总结。就归纳总结的方式而言，可以分为语言归纳式、表格归纳式和图示归纳式，或综合运用这些方式。

一般而言，有效运用归纳总结型结束方式应遵循如下基本要领。第一，师生应该围绕教学目标，回顾学习内容和经历的学习过程，总体把握本节课的主线和学习要点；第二，突出重点、突破难点和抓住关键，用概括的语言或口诀、精致的图表或图形，提纲挈领、简明扼要地加以呈现。

（二）交流分享型

交流分享型是指在数学课堂结尾时，教师组织和引导学生基于学习目标，围绕学习收获，进行相互交流与分享的一种教学技能。交流分享是充分彰显学生主体地位和发挥教师主导作用的课堂结束技能。师生通过对学习过程和学习结果的交流分享，不仅小结了本节课学习的主要收获，分享了对学习内容的多元理解，而且有助于反馈和评价学习过程，为完善学生数学认知结构提供多元参考。由于数学课堂结束的时间一般为2—5分钟，为了有效运用交流分享技能，教师需要把握交流分享的内容和方式。

一般而言，交流分享的内容是目标导向的，通过回答在本课中掌握了哪些重要的知识和技能，经历了哪些有意义的数学活动，领悟了哪些数学思想与方法等问题，归纳和总结学习收获，并提出学习困惑与反思。

交流分享的方式主要有两种：结构化交流和非结构化交流。在结构化交流中，教师首先给出一份结构化的话题或问题，如在知识、方法和思想上的收获，学习上的困惑和反思；接着要求学生围绕这些话题或问题开展交流和总结；然后让学生或小组代表交流，教师根据学生交流情况进行小结、点评或拓展；最后，教师呈现自己的看法，与学生分享相对完整的收获。在非结构化交流中，教师首先围绕交流主题设计一系列的提问，接着引导学生回答，根据学生回答情况进行小结、点评或拓展，最后表达自己的想法。

（三）拓展延伸型

叶圣陶先生说："结尾是文章完了的地方，但结尾最忌的却是真的完了。"[①] 课堂结束也是如此，课堂结束不是真的结束了，而应追求一种意犹未尽、余味无穷的效果，使之成为新的学习起点。拓展延伸型结束技能就有此效果。

拓展延伸型是指在数学课堂结尾时，教师将本节课的学习收获，进一步拓展、迁移、延伸到下一节课或课后的一种教学技能。拓展延伸是一种重要的数学课堂结束技能，更是很多优秀教师惯用的结束技能。第一，拓展延伸是学生对数学知识学以致用、迁移创新的重要方法；第二，数学知识的应用性特点决定了拓展延伸具有重要意义；第三，数学知识的结构性特点，即数学知识不仅具有内在联系性，也与日常生活和其他学科联系紧密，这为拓展延伸型的课堂结束技能提供了学科知识基础。

根据数学学习的特点和数学知识本身的特点，在运用拓展延伸结课时，教师需要把握拓展延伸的内容、形式和方向。一般而言，拓展延伸的内容主要是本节

---

① 朱丹梅.教到课文结尾处……[J].新语文学习（教师版）,2009(3)：87.

课重要的数学知识、数学技能或数学思想方法；拓展延伸的方法主要有任务驱动、问题驱动、营造悬念等方法。拓展延伸的方向主要有三个取向，即向数学学科内部做纵向拓展延伸、向各相关学科做横向拓展延伸、向生活大课堂做综合拓展延伸。

一般而言，有效运用拓展延伸式结束方式进行结课，应该把握如下要领。第一，教师应该根据学生的认知规律，思考拓展延伸的难度，难度太大则挫伤学生的信心，难度太低则不能激起学生对拓展内容的挑战欲。第二，教师根据拓展内容的特点，需要精心选择那些具有现实性的、挑战性的，与学生、社会、下节课相关联的知识或方法进行拓展延伸。第三，拓展延伸的任务应得到及时反馈，否则会降低时效性。

第三节　探索现状：数学课堂结束技能实施现状

一、忽视了课堂结尾的前后呼应

现如今，我国数学课堂质量较过去已经有了较大的提高，大多教师都能够在讲解新课程时自觉使用导入技能，从而引发学生的学习积极性，并能够通过多种教学手法来对学生进行教导。然而在这种培养过程中，有些教师忽视了课程最后的呼应效果，只注重了导入与讲解的过程，忽略了结尾的重要性，时常在课堂的最后进行简单、潦草的总结。这样的课堂教学模式，是无法使学生形成完整知识体系的。课程正讲到最精彩的地方，学生兴致高昂，课堂却戛然而止，这使得整堂课产生了缺憾。

二、课堂结束过程烦琐

在一堂课的末尾，教师通常会对一堂课的内容进行总结，意图达到巩固新知识的目的。但如果将课堂的结束当作一个模块来进行精雕细琢，花费大量时间进行知识的梳理，那便本末倒置了。学生本身就处在一个学习过程中，若是在课堂的结尾还同课中一般学习大量的知识，那么并不能产生良好的复习、总结效果，反而会使得学生思维混乱，无法抓住一堂课的重点，也不知道该如何对所学知识进行梳理。这种烦琐的课堂结束模式是非常不值得采用的。

三、在课堂结尾将知识过度延伸

现如今，随着教学理念的更新，教师的教学重点已经从让学生学会知识转移到创造性地引导学生去学会思考。正因如此，教师时常会在课堂结尾提出问题让学生思考，借此来将整堂课的内容进行升华。固然，教师的这种理念是具有科学性的，但有些教师却"用力过猛"，过于注重将知识进行延展，而忽略了课堂结尾提出的问题是否与该堂课的知识有关。还有些教师会提出当前学生的学识水平难以解答的难题，这种提问非但不能起到它应有的效用，反而会使学生丧失自信，产生抵触情绪。例如，一位教师在第一次教学"分数的初步认识"时，就在课堂结尾布置比较分数大小的题目，显然思维跳跃过大。

四、未能及时进行巩固反馈

教师在进行讲授知识时，学生能够立刻记住，但若是忽略及时的总结复习，那么这种短期的记忆将会快速被遗忘，只有通过周期性不断地复习与巩固，才能使得这种短期记忆转化为长期记忆。因而，在课堂上及时对所学内容进行巩固，要比课后再进行复习效率更高。教师如果无法在传授新知识后及时地对其进行归纳、总结与巩固，就无法使学生更好地对一堂课的内容进行总结，也无法使知识牢固地留在学生脑海中。

五、缺乏针对性

在教学结束技能的运用中，有些教师不能牢牢紧扣教学主题、目标、知识结构，脱离了教学的重点，也脱离了学生的实际情况。这种课程的结尾，没有对课程的重、难点内容进行有效的归纳与总结，不利于学生更好地掌握所学内容，在后续学习中学生很可能会难以回忆起课堂内容，更谈不上熟练运用。

六、缺乏系统性

教师应当让学生充分了解每个小节与单元具有着怎样的结构，并将其中的联系牢牢掌握。学生在对知识结构进行分析的同时，也能够从中学习到有用的知识。但单单是了解结构，无法形成明确的认识，还需要在分析到一定程度后对其进行归纳总结。

这种系统性的原则要求教师在一堂课的结束，对该堂课所具有的知识结构进行整理，总结其规律，阐释其概念，从而能够形成一种具有简约性质的知识体系。这种总结能够通过教师的教授来帮助学生对所学知识进行自己的归纳，使得学生能够融会贯通。但教师所做的总结，并非是复杂的逐一总结，也不是对课堂内容的复述，而是要精简主干内容使其具有可用性、直观性，能够加深学生的记忆使其印象深刻，从而达到帮助学生理解课堂内容的目的。

第四节　案例分析：数学课堂结束技能应用策略及实训

一、优化数学教学结束技能的策略

（一）结束要紧凑即时

无论是对某一教学活动或任务完成后的小结，还是整节课的结束，在教学设计时，要做到有始有终，不仅重视开头，也应重视结尾，有目的、有计划、有意识地留出一定时间用于课堂结束。在结束时，应该做到目标明确、及时安排、时空紧凑，以免虎头蛇尾、拖延课堂。

（二）语言要精练简洁

课堂结束要达到前面说的作用和效果，总结性和概括性是其标志。如何进行总结和概括？一方面，教师应整体把握一节课的主线和框架、重点和关键；另一方面，应用精练的语言、精致的图表或图形，简明扼要地加以呈现。

（三）总结要凸显知识核心

在短短的几分钟内凸显学习内容的结构性，这是由数学知识的结构性特点决定的。如何凸显结构性？找"点"、连"线"、构"面"是一种可用的策略。找"点"就是找准本节课的核心知识点，如重点与疑点、关键点与错漏点等；连"线"就是厘清贯穿学习本节课的主线；构"面"就是关注数学知识内部的联系、数学知识与学生的联系、数学知识与社会生活的联系。这样建构的结构，既具有概括性，又具有较强的条理性和系统性。

（四）引导要激发学生的参与性

在数学教学活动中，学生是数学学习的主体，教师是学习的组织者、引导者与合作者。然而，当前课堂结束的行为主体基本上是教师。课堂结束是数学学习一个不可或缺的环节，只有作为数学学习主人翁的学生亲临这个环节，课堂结束的作用才会大为增色。因此，教师一方面应充分发挥自己的主导作用，启发和引导学生对本节课学习的过程与结果进行自我检查、小结与反思；另一方面应面向全体学生，尊重和赏识学生，激励和促进学生积极主动的认知投入和参与，让学生成为课堂结束行为的主体。

（五）设计要突出反思性

如果说课前设计需要"三思而行"，那么课堂结束则需要"行后三思"。前者重心在行前思考"怎样行"，关系到课堂结束设计的质量；而后者则重点在行后的自我检查、自我评价与自我反思"怎样行更好"，关系到实施和再设计的质量。自我检查、自我评价与自我反思是元认知的基本要素，也是高效认知的重要品质。课堂结束时间虽然短暂，却是促进师生进行自我检查、自我评价与自我反思的环节。教师通过课堂结束环节，对教学目标的落实、教学方法的改善、教学效果的追问等进行自我检查和反思，不仅会发现问题或策略，也会促进教师发展教学元认知水平。学生通过课堂结束环节，养成归纳和小结、梳理和概括、反思与提升等行为习惯，不仅能够巩固所学知识，而且发展了学习中的元认知水平。

二、数学课堂结束技能的实训

（一）教师主导型训练案例

1."多位数大小比较"的小结

师：对于今天所学的内容，可以总结出一句口诀：

位数不同比大小，位多大，位少小。

位数相同比大小，高位比起就知道。

2."圆的认识"的小结

师：本节课我们初步认识了圆，现在老师向你们提出几个问题，请同学们回答（同时用课件展示题目，学生可选择性地进行随机回答）：

①什么是圆的半径？

②什么是圆的直径？

③同一个圆中半径与直径有什么关系？

④怎么用圆规画圆？

这样，让学生带着问题重新阅读课本，并引导学生用彩笔将课本中的答案标出来，不仅巩固了学生的知识，还教会了他们阅读课本总结重点内容的技能，从而培养学生的良好学习习惯。

（二）学生主导型训练案例

1."三角形内角和"的课后概括

师：通过本课的学习我们已经知道每个三角形的内角和都是180°。那么你们能求出任意一个四边形的内角和吗？（教师在黑板上画出一个任意四边形）

生$_1$：肯定是360°。我们可以通过特殊图形去思考，因为长方形和正方形都是四个90°。

生$_2$：老师黑板上那个四边形不是特殊的四边形啊！

生$_3$：用量角器量出各个角的度数，再计算一下就行了。

（教室里一阵哄笑，谁不会这样做呀）

师：你说的这种方法可以得到结果，但测量往往因为有误差而得不到准确的结果，并且如果没有量角器怎么办呢？

生：老师，我可以把这个四边形沿对角线剪成两个三角形，然后用180°乘以2就得到四边形内角和是360°。

生：如果是在考试时就不能在试卷上剪。

师：那怎么办呢？

生：可以在图上画一条对角线代替剪。

师：好的，那我们也来画一画，剪一剪。

（等学生完成后，教师让学生演示了一遍）

师：你还有别的方法吗？

生：可以在四边形上画两条对角线，就得到四个三角形，是720°，再减去中间一个周角360°，也得到四边形的内角和是360°。

生：还可以在四边形内找一点，然后把这一点和四个顶点相连，得到四个三角形，也一样可以算出结果。

师：通过刚才的讨论，我们发现求四边形的内角和最快的方法是画一条对角线把它分成两个三角形去计算。

2."因数"的课后概括

师：数学家把6称为"完美数"。想知道为什么吗？

生：想。

师：请大家先用最快的速度说一说6的因数有哪些。

生：1、2、3、6。

师：1＋2＋3＝6（板书），又回到了6本身，正是因为这样的数非常特别，所以数学家把具有这样特点的数称为是完美数。你们想不想知道第二个完美数是几啊?

生：想。

师：第二个完美数比 20 大，比 30 小，而且还是一个双数，你们试试吧!

生：是 28。因为 28 的因数有 1、2、4、7、14、28。而且正好 1+2+4+7+14 ＝ 28。

师：第一个完美数是 6，第二个完美数是 28，第三个完美数是 496，第四个完美数是 8128，第五个完美数是 33550336。

生：哇!

师：每找出一个新的完美数，数学家们都要付出很大的心血。你们觉得是什么力量使数学家们去不断努力?

生$_1$：好奇心。

生$_2$：研究精神。

师：数学家们往往能透过枯燥的数学本身看到发展规律，也正是因为有了他们不断地研究，我们的科技才取得了不断的进步。

3. "倍数"的课后概括

下课的铃声快要响了，教师没有按部就班地给学生布置作业，而是对全班同学说："同学们，快要下课了，我们一起来做一个游戏，好不好?"

生：(齐答)好!

师：这个游戏的名字叫"动脑筋离课堂"，游戏的规则是这样的，老师出示一张卡片，如果你的学号数是卡片上的数的倍数，你就可以走开。走的时候，要到讲台前，大声地报出你的结果。

数学游戏开始了，教师先出示一张数字卡片"2"，学号数是 2 的倍数的学生，一个个走到讲台前。

生$_1$：4 是 2 的倍数。

生$_2$：8 是 2 的倍数。

……

全班有一半的学生运用所学知识，正确地报出自己的结果，得到在座学生的认可后，高兴地走出教室。

接着，教师拿出另一张卡片 0.5，有 3 名学生立即站了起来朝讲台走去，走了一半又回到原位。

师：为什么不走了？

生：我们所学的因数和倍数都必须是整数。

教师接着又分别出示卡片 3、5，学号数是 3、5 的倍数的学生走出教室。

最后剩下学号是 1，7，11，13，17，19，23，29，31，37 的学生，教师不再出示卡片。

师：你们怎么不走呢？

生：我们的学号数都不是老师拿出的卡片上的数的倍数。

师：那么，老师出示哪个数，大家就都可以走了？

生：（思考片刻后，异口同声地说）1。

师：为什么？

生：任意一个自然数都是 1 的倍数。

这时，教师出示一个大大的卡片 1，最后一批学生在下课铃声中欢快地离开了教室。

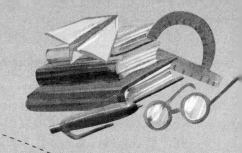

第八章　案例分析下数学活动组织技能探究

第一节　理解概念：什么是数学活动组织技能

一、数学活动组织技能的内涵及相关概念

（一）内涵

数学活动组织技能，是教师在数学教学过程中吸引、组织、引导、指导学生参与学习，管理课堂纪律，建立良好教学环境，帮助学生投入学习的行为方式。运用教学组织技能，能吸引学生注意、激发学生动机、帮助学生投入学习、鼓励学生自我约束、创设良好课堂氛围，从而实现教学目标。

教师的教学组织涉及四个要素：学生、教学内容、教学环境、教学时间。其中对学生的组织、管理最为关键，因为学生是学习的主体，也是教学服务的对象。运用教学组织技能，就是要在课堂时空范围内，合理组织与调控上述四个管理要素，通过建立一个包含维持课堂秩序、监督学生行为、保证学生积极参与教学过程三方面协调的课堂行为系统，确保课堂教学顺利推进。

（二）相关概念

1. 数学活动

广义上的数学活动，是指人们从事学习数学、讲授数学、研究数学和应用数学的活动。既包括教师在数学课堂教学中特意设计的教学活动以及学生在课堂上学习数学时进行的探究性活动，也包括日常生活、生产实践中与数学相联系的实际进行的活动。

2. 数学活动课

所谓数学活动课，是指学生通过数学实践活动获得数学活动的经验，了解和掌握数学在日常生活中的应用，学会与他人进行数学合作与交流，从而实现新课程改革目标的课程。① 数学活动课首先关注学生积极参与的过程，激发学生对数学的好奇心和求知欲；其次引导学生去积极地思考，增强学生之间的合作与交流，提高学生合情推理与演绎推理的能力，以及运用数学解决问题的能力。

3. 学生的数学活动

狭义上的数学活动，也就是我们经常说的学生的数学活动，"就是指学生学习数学，探索、掌握和应用数学知识的活动，是经历数学化过程的活动，是学生与教材以及教师产生交互作用、建构数学知识的活动。"②

4. 概念辨析与示例

关于学生在数学课堂上所进行的数学活动，有以下几点需要注意。

①数学活动是"数学化"的活动。有些课堂上搞的活动表面上看非常热闹，然而是有活动而无数学。所以，需要注意的第一点即是数学活动必须有明确的数学内涵和数学目的，体现数学的本质，只有这样才能称得上是"数学活动"，它们是数学教学的有机组成部分。

②学生进行"数学活动"有多种方式。学生的自主学习、探索研究、独立思考、小组合作、讨论交流、参观实践等都是进行"数学活动"的方式。

③数学活动中的"动"内涵广泛，数学活动中的"动"不仅是指"手动""口动""眼动"等行为上的活动，数学思维的活动——"脑动"也是数学活动。

学生独立进行推理、证明等活动时，虽然学生之间没有互动，学生个人也没有真正"动"起来，但学生所进行的数学思维活动依然属于数学活动。

④"数学活动"是一个过程。在数学活动中，不但学习结果是课程目标，学习过程也是课程目标。

数学活动的教育意义在于，学生主体通过亲身经历数学活动过程，能够获得具有个性特征的感性认识、情感体验以及数学意识、数学能力和数学素养。③

下面通过正、反两例来进一步解释数学活动的概念，这正、反两例是对同一个问题所采取的两种不同活动方案。④

---

① 何小亚，姚静. 中学数学教学设计 [M]. 北京：科学出版社，2008：167.

② 数学课程标准研制组. 数学课程标准解读 [M]. 北京：北京师范大学出版社，2002.

③ 顾沛. 数学基础教育中的"双基"如何发展为"四基"[J]. 数学教育学报，2012（1）：14—16.

④ 屠桂芳，孙四周. 什么样的活动是"数学活动"[J]. 数学教育学报，2012（5）：98—100.

正例：

师：把一块蛋糕平均切成 3 份和平均切成 4 份，哪种切法所得的"1 份"更大？

生：切成 3 份的更大。

师：如果用数学式子，如何表示？

生：$\dfrac{1}{3} > \dfrac{1}{4}$

师：请同学们对 $\dfrac{1}{3} > \dfrac{1}{4}$ 从分子、分母、分数值的大小上进行观察和思考。

生：……（独立思考或讨论）

（学生已学过"分数的表示"，再根据生活经验不难写出 $\dfrac{1}{3} > \dfrac{1}{4}$，通过教师引导思考不难得出"分子都是 1 时，分母大的分数值反而小"这一数学结论。进一步引出下个活动）

师：同样两块大小的蛋糕"平均切成 3 份，取其中的 2 份"和"平均切成 4 份，取其中的 3 份"，哪种方案获得的更多？

评析：这个活动促使学生首先要把文字语言表示成 $\dfrac{2}{3}$ 和 $\dfrac{3}{4}$ 这种数学形式，再进行 $\dfrac{2}{3}$ 和 $\dfrac{3}{4}$ 的比较，这就是真正的数学活动了。教学过程中，可以引导学生采用多种方法。比如，先比较剩下的那块，就是先比较 $\dfrac{1}{3}$ 和 $\dfrac{1}{4}$ 的大小，问题变得很简单了，同时还蕴含了"化归意识"；或者是假设将两块蛋糕先分别切成均等的 12 份，然后再去比较，也就是后面要学习的通分。整个活动中，虽然没有裁纸、拼图等动手活动，但学生一直在用数学的语言和方法进行着数学思维的活动，从始至终都体现了"数学化"，故这是一个很好的数学活动。

反例：

师：把一块蛋糕平均切成 3 份和平均切成 4 份，哪种切法所得的"1 份"更大？

生：平均切成 3 份所得的 1 份更大。

师（组织活动）：请同学们用纸裁一下看看，哪种更大？

这是为"异分母分数的大小比较"设计的一个教学活动，意在引导学生探究比较 $\dfrac{1}{3}$ 和 $\dfrac{1}{4}$ 大小的方法。

优点：教师所选择的起点问题是数学化的，活动也贴近学生的生活经验，是一个很好的教学切入口。

不足：当教师让学生进行"裁纸活动"时，活动的指向发生了根本的变化。第一，在课堂有限的时间内把纸张剪成圆形是很困难的；第二，即便已准备好圆形纸片，将一个圆三等分也是该学段学生很难完成的；第三，还要做两张相同的圆形纸片（三等分和四等分各一张），同样也有难度。在这个紧张忙碌的活动中，学生没有把问题"数学化"，没有进入"数学的观察和思考"，也没有带来"数学活动经验"，学生不是在"做数学"，而是在"做手工"。活动的方法与过程是"去数学化"的。因此，这个活动不是"数学活动"。

二、数学活动组织技能的特征

通过前面对数学活动、数学活动课相关概念的解释、辨析与举例，我们可以归纳出数学活动的主要特征如下。

（一）活动的数学化

根据费赖登塔尔的理论，数学化是指用数学的思想方法不断对"实际材料进行组织"的过程。数学化的活动，一方面可以是将数学世界与外部世界紧密联系起来的活动；另一方面也包括数学内部的数学化，即对数学本身不断进行再组织，把数学数学化。[①] 正如前面概念辨析中所阐述的，开展的数学活动可以是对象内容是数学的，即对数学内容进行改造，进行数学化；或者是对象是现实问题，方法是数学化的，应用数学语言（符号、图形等）、数学思想方法、数学技能解决实际问题的活动。

（二）活动的整体性

数学活动具有整体性，体现在以下几个方面。

（1）学科内部、跨学科，乃至跨文化都是一个彼此交融的有机整体

数学知识的交融不仅表现为数学内部各分支（如几何、代数、统计）间的整合，还体现在数学与其他学科的综合、数学与学生日常生活实际的综合。数学方法的整合表现为解决问题的过程要求学生综合各种能力、各种方法、各种工具。

---

① 课程教材研究所，数学课程教材研究开发中心．数学文化 [M]．北京：人民教育出版社，2003：96．

（2）课内与课外的有机结合

数学的特点之一即是其应用的广泛性。数学无处不在，正如著名数学家华罗庚先生所说："宇宙之大，粒子之微，火箭之速，化工之巧，地球之变，生物之谜，日用之繁，数学无处不在……"[①]研究量的学问、量的变化、量的关系等都少不了数学。课堂内的数学活动与课堂外的实践活动可以很好地有机结合起来。

（3）人的个性发展也具有整体性

人的个性发展不是多个独立分裂的学科知识杂烩在一起的结果，而是通过对整合交融的知识进行综合运用而不断探究现实世界的结果。在数学活动的过程中，学生除了可以进一步理解数学知识，应用数学思想方法，熟悉数学技能，更重要的是，在整个活动过程中可以体验、积累丰富的经验和情感。

总之，数学活动的过程是一个学生个体知、情、意、行，全身心融入的完整统一的过程。

（三）有指导的建构性

学生数学活动"本质上是学习数学化的过程"，决定了数学活动的建构性。但这种建构不是让学生重复数学家发现数学、创造数学的历程，而是受到前人经验约束和教师指导约束的有限制的发现和创造。这种限制尤其突出教师的指导作用，"学生应该再创造数学化而不是数学"。因此，学生数学活动的建构是有条件、有指导的，是教师教的活动与学生学的活动的协调统一。[②]

三、数学活动组织技能的要素

就一节完整的数学课而言，教学组织技能包括组织各阶段教学、分配教学时间、协调师生互动方式等要素。

（一）组织各阶段的教学活动

按照一节课的先后顺序，教学活动可以划分四个阶段，每一阶段各有不同的教学活动组织任务。

1.预备教学活动

预备铃声一响，教师就要站在教室门口，扫视教室内的学生，示意同学安静，督促他们做好上课前的准备：取出教科书、笔记本、文具，收起与本节课无

---

① 李友英,李晓白.论数学教育改革的发展趋势[J].当代教育论坛,2003(11):126.

② 仲秀英.数学活动的内涵与特征及其对教学的启示[J].数学教育学报,2009（4）：23—26.

关的东西。上课铃响，教师走进教室，踏上讲台，环视学生。学生注意力集中于教师时，教师说："上课！"班长说："起立！"师生问候之后，教师说："请坐！"这是正式的组织教学的前奏，也是组织教学的基础。如果教室里闹哄哄的，势必影响课堂引入的教学组织活动。

2. 导入教学活动

引入阶段的教学组织活动，要点在于引起注意、激发动机、组织指引、建立联系。这一阶段，创设好的数学情境非常关键。一个恰当的数学情境，包含了抽象数学模式的必要因素和必要形式，是数学概念的原型、故乡和源泉，也是学生认识抽象数学模式的"认知基础"，它能够生动地显示相关概念的基本性质，呈现相关法则的基本结构。因此，一个恰当的数学情境，不仅能激发学生的动机，激活其原有知识经验，也能指向概念的基本性质或相关的运算法则，并在进一步的教学展开中发挥引导、导向的功能。有了教师的精心设计与组织，这种引导、导向功能就有可能引领学生走上"数学化"之路，走上数学再发现、再创造之路。

3. 新课教学活动

新课阶段的教学组织活动，包括引起并保持学生注意和兴趣、安排好教学结构、控制好教学节奏、维持课堂纪律等。新课阶段是教学组织的核心环节，教学组织的主要功能与作用主要体现在这一阶段。教师要依据数学教学实际进程，运用不同的教学方法组织教学，激励学生参与新知识建构；力求做到张弛有度，适度变换师生相互作用方式，变换教学媒体，交替运用讲授、练习、反思；利用柔性课堂管理技术预防学生违纪行为的出现。

在这相对漫长的时间段，教师需要运用直观形象的教学手段、巧妙地提问、热烈地讨论、发散思维训练、鼓励创造性思考、开展实践操作或实验教学等方式促成教学高潮的形成，使课堂教学跌宕起伏、妙趣横生，学生思维步入高认知水平状态，师生思想撞击出撼人心魄的火花。

4. 课堂结束教学活动

结课阶段的教学组织，包括巩固新知识、总结全课、布置作业等环节。目的在于帮助学生运用新知识，结合反思引导学生"把书读薄，建立联系"，建构良好的数学认知结构，利用课外作业促进学习迁移。

（二）分配教学时间

马卡连柯说过："教育需要的不是很多时间，而是如何合理地利用很少的时间。"一堂课40分钟大体分割为：创设情境，激发兴趣——3分钟；学生感知，尝试学习——8分钟；师生互动学习——20分钟；总结巩固，反馈回授——5分钟；迁移练习，布置作业——4分钟。教学中要依具体情况进行调整。

（三）协调师生互动方式

师生互动方式，即教学的组织形式，包括全班教学——师班互动；小组教学——师组互动；个别教学——师生互动；自主探究——自我互动；合作学习——生生互动。教学组织形式的选择讲究"管而不死，活而不乱"。既尊重爱护学生，又严格管理；既热烈活泼，又秩序井然；既"动中有静，静中有动，动静结合"，又"放中有收，收中有放，收放自如"，使教学运行张弛有度，富有变化，充满活力。

第二节　渗透内涵：数学活动组织技能的类型

数学教学组织技能为教学的顺利进行提供了保证。学生在课堂上既要通过思考探究、自学阅读与解决问题等发展认知能力，还要通过交流、合作与互动发展社会能力。学生不仅要通过思考和阅读，而且要通过经验和情感来获得知识并体验、感受知识，形成态度、沉淀观念。因此，从促进学生认知与社会性协同发展的视角去把握数学教学组织技能，就显得非常重要。教学组织涉及教学内容的组织以及教学实施过程的组织，因而可以把数学教学组织技能分为数学教学内容组织技能与数学教学实施组织技能。

一、数学教学内容组织技能

数学教学内容组织技能包括课前组织、教学设计、课中调整。课前教学设计要求做到"五定"：定向，有明确教学目标；定量，有适中教学容量；定度，有恰当教学要求；定序，有一定教学程序；定势，有恰当先行组织者。

数学内容的组织尤其要注意学生认知发展水平，力求立足其知识经验设计课堂教学。对于同一个内容，如果学生的情况不同，就应该采取不同的内容组织形式。

学生的数学现实是课堂教学设计的出发点。同样的内容，不同的对象，应有不同的教学设计。注重全局上把握学科的基本思想，内容上把握知识的基本结构，教学组织上体现教育的现代理念，教学操作上体现教师的个性风格。

设计一：面对数学基础扎实、思维能力较强的群体，设计富有挑战性、探究性的问题情景，以激发学生的探究热情，增强他们的问题意识；同时鼓励学生探求问题的解法，让这些学生在学习过程中自主地建构新知识。

设计二：面对学习状况中等、有一定学习热情的群体，设计上重视思维定向，将问题设置在最近发展区，便于学生在心理上形成认知冲突，使他们在积极参与探索活动中主动建构新知识。

设计三：面对学习基础薄弱、思维发展水平相对滞后的群体，设计时借助现代信息技术，坚持"低起点，小步子"，力求循序渐进。

二、数学教学实施组织技能

数学教学实施组织技能决定着课堂教学推进的方向。组织好教学实施过程，能够创设良好的课堂气氛，激发学生的兴趣与动机，增强学生的自信心与进取心；能够吸引并维持学生的注意，使之投入学习，提升其数学思维水平，增进其数学交流与合作能力；能够帮助学生建立良好的课堂行为准则。因此，数学教学实施组织技能包含以下三种不同但又相互支持的类型。

（一）激励性组织技能

激励性组织技能指在教学过程中，教师利用身体移动、目光接触、语音语调和教态的变化等，结合亲切、热情的引导性语言，鼓励学生参与教学过程并积极思考，营造生动而富有激情的课堂的行为方式。

运用激励性组织技能，教师传达对学生的期望，激发其强烈的学习动机。对成就动机的研究表明，对于设置了中等难度目标且全力以赴实现目标的个体来说，他们比那些只希望"天上掉馅饼"的学生要努力得多且更有坚持精神。对自我效能的研究表明，那些认为自己有能力或高效能的个体要更努力和更有坚持精神，他们相信自己有能力成功完成任务，而且能赢得成功带来的奖赏。归因理论表明，那些把行为归因于内在可控原因的个体，比把行为归因于外在的或不可控原因的个体要更努力且更能坚持。利用激励性组织技能，可帮助学生养成如下心态和归因推断。

1.积极的自我效能感

效能感会通过确立目标影响动机。如果在特定领域效能感高，人们就倾向于设立更高的目标，并在旧策略失败时努力寻找新策略；若效能感低，出现问题时人们可能会逃避任务或轻易放弃。

2.内在的可控归因

教师要让学生坚信，成功是能力和努力两个方面紧密结合的产物。将成功归因于自己努力结果的学生，具有强烈的自我效能感，这些因素会造就其坚忍不拔、持之以恒的毅力及学习的成功。如果学生把失败归因于外在的、不可控的原因，他们就会对失败听天由命、沮丧、无能为力，对学习反应冷漠、无动于衷。

3.能力是可变的观念

教师要让学生懂得，潜在的学术能力是通过学习活动不断发展起来的。认为能力可以提高的学生，更关注学习性目标，具备较强的能力意识与自我价值意识，倾向于设立能够提升知识技能的学习性目标——寻求理智的乐趣和相应的环境，并能建设性地应对失败。

（二）指导性组织技能

指导性组织技能指教师通过诱导的方式促使学生投入数学学习，同时在学习过程中提供咨询、辅导和帮助的行为方式。这是一种对具体学习活动的组织，教师的教学任务没有变化，但角色变了，成为指导者、组织者与合作者。对自主学习、合作学习、探究学习进行合理、恰当指导，成为指导性组织技能的重要课题。

1.指导自主学习

自主学习是学生依照学习计划有序、独立学习，适时评价和调节学习进度的学习方式，表现为主动、建构性的学习过程。在这个过程中，学生先确立学习目标，然后监视、调节与控制由目标和情境特征引导和约束的认知动机与行为。教师通过帮助学生改善自主学习的动机与策略，达到学会自我学习、自我管理、自我调控的目标。因此，教师对自主学习的指导，涉及对学习动机激发、目标定位设置、学习策略运用、学习时间管理、学习结果评价几个方面的指导。

2.指导合作学习

约翰逊兄弟认为合作学习要具备五项条件，即积极的相互依赖、面对面的互动、个体责任、人际交往和参与小组活动的技能、小组自评。所以，合作学习需要教师的有效指导，教师要像"导游"那样为学生的合作学习提供引导与反馈。

鉴于合作学习的复杂性，教师要精心准备、全程指导。教学前明确目标，准备好教学材料。教学初做好有效的组织工作：告知学生学习目标与评价标准，决定小组规模，分组，合理安排教室空间。教学中适时监控与介入学生合作学习过程：小组对任务不清楚时，教师要重新解释；小组争论声音过大时，教师要及时制止，并提供辩论与倾听的技巧；小组偏离合作主题时，教师要及时引导；小组表现不活跃时，教师要提供情感支持与鼓励；小组遇到困难无法解决时，教师要提供有助于任务完成的方法与策略。

3. 指导探究学习

数学探究即数学探究性课题学习，指学生围绕某个数学问题，自主探究、学习的过程。这个过程包括观察、分析数学事实，提出有意义的数学问题，猜测、探寻适当的数学结论或规律，给出解释或证明。因此，探究学习是一种基于问题的学习，体现了学生通过主动探究解决问题的过程。如果说自主学习强调独立性与自控性，合作学习关注互动性和交往性的话，那么探究学习则凸显问题性和探索性。

针对探究学习的五个阶段，即确定课题、制订计划、搜集资料、总结整理、交流评价，教师的指导可以采用相应的策略，如引导学生确定课题，指导学生制订计划，为学生的资料搜集提供智力支持与安全保障，提供资料整理与分析的方法指导以及成果呈现方式的建议，组织好学生之间的交流、评价与反思。

（三）管理性组织技能

管理性组织技能指教师对课堂秩序的组织与课堂纪律的管理，为课堂教学的顺利推进创设有序的环境。事实上，课堂管理性组织需要很多技巧。例如，如何布置教室、如何建立课堂秩序、如何回应不良行为、如何进行鼓励强化、如何利用日常性的规章制度创造良好高效的学习氛围等。

1. 管理性组织技能对教师的要求

与学生建立良好的人际关系是成功管理课堂的基础。因此，教师具备一些受学生尊重和喜欢的个人素质和态度非常重要。要为成功的课堂管理奠定基础，教师必须具备以下素质：①赢得学生的尊重与爱戴；②可信可靠；③确保学生在学习中承担责任；④珍视和欣赏学习，而且希望学生也这样做。

如果教师具备了上述素质，那么在建立课堂管理秩序之前，还要把握如下基本原理：①学生极有可能遵守他们能够理解和接纳的规则；②当学生参与自己特别感兴趣的活动时，纪律问题会降到最低程度；③管理应该着眼于建立一个效果显著的学习环境；④教师的目标是帮助学生形成内在的自我控制。

2. 管理性组织技能需要的四种行为

（1）按教学目标需要布置教室

无论是谁，在特定的环境里，都会受到环境的诱导与感染，从而出现某些行为。因此，作为课堂教学背景的教室的布置方式，与教学任务的实现密切相关。教室布置有很多的选择，每一种选择都会鼓励部分学生的特定行为，而抑制他们的另一些行为。因此，在设计课堂教学背景如布置教室时，首先要明确学生要在这个背景里做些什么。由于学生的需要以及教学内容的变化，教学目标总在发生着变化。这就要求教室布置要有一定的变化，从而适应不同的教学目标要求。无论如何，教室的物理环境传达了教师所期望的学生行为。传统"秧田式"教室布置，更适宜讲授和教师主导下的讨论，适合学生获取知识、概念与规则，更有利于学生集中注意力，有利于教师监控和管理学生，但不太适合发展学生之间的交流合作。如果教学目标要求更多师生、生生互动与小组合作，那么教室布置可以更接近"实验室"风格。这种布置使学生更方便发表意见，参与相互的交流。因为这种安排暗示着鼓励个人之间的交流与合作。倘若教学目标同时包含独立作业与合作活动，那么教室的布置可以是"秧田式"与"实验室"的整合，以同时满足两种要求。另外，教室布置不但要考虑与教学目标相一致，也要考虑与文化因素相符合。

（2）事先制定并传达课堂规章制度

没有任何一种教室布置能适应所有学生的需要，因而建立课堂规则以调适学生行为就不可避免。课堂规章制度向学生传达教师对知识、训练等方面的观念与价值倾向。

制定规章制度要遵循三条基本原则：①规章制度与学习氛围相一致；②规章制度必须具有可行性；③规章制度体现的是对学生课堂行为最低限度的要求。这个最低限度的要求包括提高参与性，减少扰乱行为；增加安全保障；防止对他人、对教学活动造成干扰；倡导礼貌行为，促进人际交往。规章制度要有一定的概括性，以包容一系列具体的行为；但若过于概括，学生可能不清楚它所制约的具体行为。规章制度太多不行，也不能太少，以6—8条为宜。尽量用积极的语气制定规章制度；有时从否定角度拟定规则也十分必要。并非所有规章制度都同等重要，特殊情况下可以增补新规定。如果教师没有解释清楚，或没有切实执行规章制度，这些制度就会失去效力；如果让学生参与规章制度的制定，这些制度将非常有效。另外，规章制度必须符合学生的文化和种族背景，避免与其父母的价值观、家庭生活方式等因素发生冲突。

（3）培养良好的课堂行为规范

教室是一个异常繁忙的场所，点名，发放资料，启动与结束学习活动，课堂作业的布置、完成与批阅，分组、解散、再分组，应对学习过程中出现的各种各样的问题，解决所有这些复杂情形需要一个系统的例行程序，即课堂行为规范。课堂行为规范要根据特定时间、特定要求、特定地点合理规划，以指导学生一天的学习和生活。

具备良好课堂行为规范的学生，能够最大限度地将时间投入到学习之中。事实上，形成每一种课堂行为规范都需要教师付出时间和精力。倘若在开学初就在课堂上建立起了课堂行为规范，那将节省以后的时间，并让学生感到秩序井然。因此，应该让学生有计划地学习课堂行为规范，之后监督执行并贯彻始终。

（4）制定奖惩措施

惩罚可能是强有力的手段，但运用惩罚也可能意味着教师没有处理好问题。因而对可接受行为进行奖励，其效果要远好于对违规行为的惩罚。面对学生，与其列举对不当行为的惩罚，不如告知各种奖励更能激发他们。不过，不同的学生喜欢的激励方式不同，要了解每个学生的兴趣、需要与期望，这样才能找到最好的奖励组合方式。

第三节　探索现状：数学活动组织技能实施现状

一、影响活动组织技能实施的客观因素

（一）师资力量与学生数量

师资力量是对教学活动组织技能产生影响的一个重要因素。教学需要教师与学生进行搭配才能够得以维系，若是学生少教师多，那么学校便可将活动组织转为小型化，每个教师主管的学生更少；若是学生多而教师少，那么就不得不进行大型管理，通过集体教学来进行教学活动的组织。

（二）学校的硬件设施

学校的硬件设施通常也就是指学校所拥有的基础设施（如教学设备、教学场所、教学书籍等），组织活动依托于学校的教室、操场等空间，这是教学活动想要展开所必须具备的。而教学仪器等教学用具，是教学活动组织的媒介。以上这些都是想要进行教学活动不可或缺的条件，如果缺少这些，那么教学活动就难以为继。因而学校的教学资源、硬件设施如果能够达到一种完备乃至充裕的程度，那么无疑会丰富教学活动组织形式的多样性。反之，若是学校的硬件设施难以支撑教学活动，那么教师自然会对教学活动组织的实施产生望而却步的感觉，甚至直接导致教学活动宣告终结。

（三）教学内容与组织形式

教学内容同样也对教学活动的组织形式产生影响。教学活动的实施究竟是偏向理论认知还是偏向于实践操作，是学科性质的教学还是活动性质的教学，与教学内容不无关系，不同的教学内容需要采用不同的教学活动组织方式。

现今，国内外许多学校对各种不同类型的课程都采用了不同类型的教学活动形式，而数学课这种极易拉开学生差距的课程，通常在同质结合的教学活动中实施，力求深入发掘学生的个人潜能，使得学生的学习进度不被这种差异所阻碍。其他的如社会课，通常在异质结合的教学活动中实施，采用的是集体教学的模式，有利于提高学生对课程的适应力。

（四）学生个体间差异

学生个体是存在差异的，不仅仅是其年龄与身体发展的不同，还有心理与智力的差异。这些都直接影响了教学的效果，因而教师需要考虑学生的个体差异，不应当对全部学生进行机械化的、集中的、无差别教学，这样会严重影响教学效果。通常来看，若是一个集体内的学生差异较小，那么教师可以利用集体教学的方式来传授知识；若是一个集体内的学生差异较大，那么教师则可以利用分层教学的方式来传授知识。

其他能够对教学活动组织的形式产生影响的客观因素，包括教学目标的时间、教师的教学水平、教师的教学素养、学校的管理模式等。

以上因素之所以能够对教学活动组织的实施产生影响，是因为教师必须要依据这些来选择教学活动组织的形式。若非如此，教学活动将会遇到各种难以解决的困难，甚至影响到教学的效果。但人们的主观意识同样会对教学活动组织的形式产生影响，因为人是教学活动组织实施的主体，是对教学活动组织产生影响的主要因素。

二、影响活动组织技能实施的主观因素

（一）教师的价值观

学校不仅仅是社会的重要组成部分，同时也是一种具有社会性质的组织，因而教学活动也是一种社会活动。在进行教学活动的组织中，也能够体现出教师对社会的观点以及认同程度。教师心中的社会价值取向不同，会使得教学活动组织形式不尽相同。

（二）教师的学习总结能力

部分教师会因某些教学活动形式使用后效果极佳颇具成效而坚持使用，或因

效果不佳而舍弃。同时也可能在实施一种全新的教学活动形式时单纯考虑到优势而对缺陷考虑不足，导致后续使用中逐步发现它的劣势，从而借鉴过去行之有效的活动，对新活动形式进行完善与改造，最终成功加以运用。通常来看，若是教师的教育视野更为广阔，那么教师便善于学习总结与借鉴其他活动的优秀之处，从而对当前的教学活动产生不满足感。若是相反，那么教师会故步自封，墨守成规。

（三）教师对客观原因的认知

此处所指的"客观原因"是指上文中所提及的师资力量、学校的硬件设施、教学内容与组织形式等，也就是教学活动实施所依托的客观条件。教师对它们所产生的认知，主要包括了解这些客观条件产生的作用，以及在挑选教学活动实施方式时是否需要考虑这些客观条件。

第四节 案例分析：数学活动组织技能应用策略及实训

一、数学活动组织技能的策略

在数学活动的实施过程中，需要注意以下几个方面。[①]

（一）教师角色的新定位

在数学活动教学课堂上，教师和学生都要重新进行角色定位。教师要改变过去只注重单一的、接受式的教学模式，而要采用自主学习、探索研究、合作交流等新型学习方式，建立新型的师生关系，即教师是数学活动的组织者、引导者、合作者和促进者，学生才是数学活动中真正的主人。在组织数学活动时，教师不能直接将数学知识和数学思想方法灌输给学生，而应该引导学生通过发现问题、动手操作、实践探究、独立思考获取知识，形成技能，发展思维；通过充分收集和利用、开发学习资源，提高学习的积极性，学会分享自己和他人的想法。

（二）精心设计，量身打造

教师在备课时，要从学生的知识和能力实际出发，确定适合学生年龄特征和学习能力的数学活动内容和目的，让学生通过活动探索获取新知识成为可能。如

---

① 林野. 精心组织提高数学活动实效[J]. 现代阅读，2012（1）：170.

以"梯形的面积"为例，本节课的教学内容是在学生学完平行四边形和三角形的面积计算公式的基础上，应用知识迁移，把梯形转化为平行四边形，计算出面积，再推导出梯形的面积计算公式。由于学生之前在学习三角形面积时，已经学过把三角形转化为平行四边形，从而计算出三角形面积，并推导出三角形面积计算公式的内容，有一定的实践经验。因此，从学生的知识基础和年龄特征以及学习能力来看，让学生通过数学活动，自主探索推导出梯形面积计算公式是可行的，学生完全具备这个能力。

（三）明确要求，具有实用性

教师在设计数学活动时，要深入理解教学内容、细化教学目标，充分考虑数学活动过程中的各种因素，细致安排好活动的每一个细节，对学生的每一个活动环节都提出明确、具体的要求，只有这样才能确保数学活动有序开展，活动取得实效，从而实现数学活动的目标。如在"梯形的面积"教学活动中，教师为每组学生提供两个画在方格纸上的形状大小相同的梯形，并设计了这样的一张导学卡片。

（1）四人一组，先讨论，再动手做一做，看看能把梯形转化为我们学过的哪一种图形。

（2）观察转化后的图形的边与原来梯形的边有何关系，转化后的图形面积与梯形面积又有什么关系？

（3）想一想，梯形的面积与它的上下底和高有什么关系？你发现了什么规律？

（4）写下小组讨论的本次活动的收获。

（5）在方格纸上画一个梯形，用你们发现的规律或收获计算出面积并验证。

（6）每组选出一名同学，汇报小组活动。

学生根据导学卡片逐步开展数学活动，自主尝试探索新知，循序渐进，实现教学目标。

（四）加强教师指导作用

学生知识水平和思维能力的差异，导致他们在活动过程中会出现种种差异和意外，而在课堂上开展数学活动，学生又必须在有限的时间内完成任务，实现活动目标，因此，数学活动要取得实效，离不开教师的指导。在学生活动过程中，教师必须充分发挥主导作用，加强巡查，及时指导，为学生解惑释疑，确保学生在规定的时间里沿着正确的方向去探索，逐步实现活动目标，提高数学活动的实效。如在前面的"梯形的面积"教学活动中，教师虽然没有明确要求学生把梯形转化为平行四边形来推导出梯形的面积，但为学生提供了两个完全相同的梯形，让学生通过活动去探索发现规律，归纳出梯形面积计算公式，因此，多数学生也会按照导学卡片的要求，把这两个梯形拼成平行四边形，从而推导出梯形的面积计算公式。但也不排除有一些学生根据导学卡片的第一个要求，把一个梯形切成两个三角形，用三角形来推导出梯形的面积，采用这种做法的学生要观察出规律相对而言难一些，因此，教师在巡查中不能否定这部分学生的思路，而是要加以引导启发，让他们在方格纸上进行比较，进而发现这两个三角形一边（梯形原上下底）的高相等，沿着这个思路去观察、推导，总结出梯形的面积计算公式。这样在活动中，既能体现教师的主导作用，活动有主线，又能够充分发挥学生的主体作用，让学生积极思考，培养学生思维的灵活性。

（五）注重交流与总结

新课程标准强调："数学学习的方式应当是一个充满生命力的过程：动手实践、自主探索、合作交流。"因此，在数学活动中，教师必须注重学生活动成果的交流总结，以提高数学活动的实效性。如在"梯形的面积"活动中，教师在导学卡片中要求学生把活动的收获写下来，并要求各组指定同学汇报交流。这样的活动设计，让学生在动手实践、自主探索的基础上，通过交流与总结，一方面使学生对自己的活动进行梳理、重现，检查活动成果的正确性，加深对活动过程的印象，深化对数学结论的理解；另一方面也可以让学生从倾听其他同学的活动过程中受益，取长补短，弥补自己思维和实践能力的不足，让全班同学共享学习成果。

总而言之，教师在设计数学活动时，要做到在活动内容、活动目标的确定上切合学生实际，活动要求明确具体，要加强活动过程的指导，注重活动成果的交流与总结，如此才能取得活动实效，才能让已经被教师认可和采用的教学活动，成为激发学生兴趣、调动学生学习积极性、引发学生思考、培养学生思维和能力的有效途径。

二、教学活动组织技能的实训

（一）教学目标

通过实际的观察、比较，认识物体的正面、侧面和上面，能正确辨认从正面、侧面和上面观察到的物体的形状，并体验到从不同的位置观察到的物体的形状可能是不一样的。

在活动体验中学会观察方法，积累观察经验，发展数学思考，养成良好的合作、交流习惯。

（二）制定依据

1.内容分析

教材基于对生活中常见的一些长方体形状物体的观察示例，引导学生认识物体的正面、侧面和上面，在观察活动中体会：从不同的位置观察到的物体的形状可能是不一样的，最多只能看到长方体的三个面。练习活动中，通过对正方体的观察，体会到正方体的每个面的形状都是正方形；通过对拼搭后的物体的观察，感受视图的形状是随着观察角度而变化的，为下一段的学习做好铺垫。

2.学生实际

二年级时，学生已接触过从物体的前、后、左、右等不同位置观察物体，初步掌握了观察物体的基本方法。三年级学生的抽象思维能力还比较弱，要由只关注物体的一个面发展到同时观察两个面、三个面，还具有一定的难度。在表述自己的观察方法或结果时也会出现叙述不清的状况。

（三）教学过程设计

1.认识物体的正面、侧面和上面

①出示图书箱，引导学生：从你的位置观察，你能看到什么？

②让学生在盒子上指认。

③指名介绍。

活动一：

认识物体的正面、侧面和上面。

1.观察图书箱，说说在自己的位置上能看到的，随机认识它的正面、侧面和上面。

2.找找自己带的盒子（长方体形状）的正面、侧面和上面。

3.交流中感悟"正面"的不同含义。

以学生熟悉的图书箱为观察对象，在看、说、指等一系列活动中，调动多种感官，协同认识物体的正面、侧面和上面，并初步感受到因为观察的位置或角度不同，看到的面的个数也是不同的。

2.在不同的位置观察长方体形状的盒子，体会观察结果的不同

①布置观察任务，明确观察要求，指导观察方法。

②教师巡视，注意收集不同的资源。

③组织交流与评价，随机引发思考：从一个位置观察，最多能看到长方体的几个面？

④引导小结。

活动二：

从不同位置观察盒子，体会观察结果的不同。

1.学生观察，记录观察结果。

2.交流观察结果，检验观察方法。

3.感悟小结。

这个大问题是在学生前一次初步观察体悟的基础上提出的，这样每个学生都有建立起独立观察、解决问题的时间与空间，而不同层次的学生所展示出来的"差异资源"又为互动生成提供了可能。这使学生在活动中学会多角度观察物体的方法，建立初步的空间观念。

3.拓展、延伸

（1）引导学生观察，鼓励学生不断挑战。

①从正方体的三个面观察。

②观察老师拼搭的两个正方体，想象后与视图连一连。

（2）按要求摆图形。

通过这一环节，学生初步体会正方体每个面的形状都是正方形。通过想象与观察，学生初步感受图形与视图的联系，学生的空间想象能力得到提升，为后续的学习打下一定的基础。

4.全课总结

学完这节课，你有什么收获？

学生交流。

自我评价。

第九章　案例分析下数学课堂听课评课技能探究

新课程背景下，数学课堂教学的理念和行为在发扬优秀传统的基础上有了较多创新。新课程的实施，核心区域在课堂教学，关键要素是教师。本章将在新课程改革相关理念基础上，结合课堂教学改革的相关理论与实践经验，阐述如何进行数学课堂的听课与评课。

第一节　案例分析下数学听课技能探究

一、听课技能的内涵

数学听课技能指学习者或研究者凭借眼、耳、手等自身的感官及辅助工具（记录本、调查表、录音录像设备等），直接或间接地从数学课堂情景中获取信息资料，由初步感知到理性分析、评价及研究的一种行为方式。听课，要求听课者应具备基本的教学理论，还要掌握一定的听课技术。听课是一种以观察、听讲、记录、思考、分析、探讨等多种活动协调为保证的综合技能。

通过听课，可以多视角地理解学生；学会立足现实，理解课堂教学的复杂性、动态性、社会性与非连续性；学会反思，能够灵活机智地处理教学中遇到的问题；形成专业眼光，提升专业能力，走向自立自信。

不论何种形式的听课，都具有以下特点。一是目的性。听课总是有着一定的目的：为什么听课？听什么样的课？希望通过听课解决什么问题？对于一个新教师来说，可能更需要关注怎样激发学生动机、怎样处理教材、怎样组织教学活动、怎样与学生互动、怎样突出重点并突破难点、怎样运用教学手段与教学媒体、怎样营造课堂氛围等因素。二是主观性。尽管课堂教学具有一定的客观性，但课堂活动中的教师、学生、听课者都具有主观意识。当人们尽力理解某些事情时，就确立了自己对外部世界的根本看法，形成了特有的认识期待。这种期待影响着人们以特定的眼光进行观察，从而对有些东西高度关注，对有些东西却熟视无睹。三是选择性。听课者的教育哲学会影响其对听课对象、听课内容、听课侧重点等的选择。四是情境性。课堂是一个高度情景化的场所，教师、学生、听课者同处于公共的课堂情境之中，听课者获得的听课资料、产生的感觉、形成的理解都会带有情境性，因而不可避免地带有不稳定性与偶然性。

从听课的目的维度，可以将听课分为检查性听课、评比性听课、观摩性听课、调研性听课。观摩性听课指教师通过听课，学习并总结指导教师的教学经验与教学方法。通过认真地听、看，并记录有特色、有亮点之处，学会教学设计并找到改进的突破口。调研性听课指通过听课的形式探究数学教育教学问题或调查课程改革带来的影响。调研性听课的要求较高，具体包括四点。①要准备好调研提纲、调研工具（相关表格、辅助工具）、调研的课型；②要全神贯注听课，认真填写调研表格；③要主动与授课教师交流，并结合访谈，进一步搜集授课教师的建议、要求与看法；④要及时整理好调研材料，用心构思并写出调研报告。[①]

二、如何听课

（一）要明确听课的目的、计划和要求

无论是听何种类型的课，在听课前都应确定具体的目的和要求，否则，就可能得不到有效、真实的听课信息，达不到听课的目的。简而言之，就是要带着任务去听课。

（二）要了解教材、学校和教师的基本情况

教材、学校、教师、学生是具体的客观存在，而听课又是带有较多的主观因素的活动。熟悉教材可以在听课前突击看看相关的教学内容，也可以在听课初和听课过程中用简短的时间看一看有关内容，否则就不一定能听出教师是否抓住了教学重点、讲清了教学难点、完成了教学任务等。

不同的学校、不同的教师会有不同的教学传统、教学特色、教学基础、教学风格，不同的学生会有不同的学习习惯和认知水平，听课者应尽可能通过各种方式进行一些了解，增加听课的针对性及评价的客观性和公正性。

---

① 周勇，赵宪宇. 新课程说课、听课与评课 [M]. 北京：教育科学出版社，2004：67—70.

（三）要处理好听课者与被听课者的关系

听课者应抱着向别人学习的态度去听课，如果是调研性听课还需适当地给被听课者讲讲为什么要听课等有关情况，转移和减轻教师的紧张或抵触情绪，尽最大可能迅速取得被听课者的信任、理解和配合。

进入课堂后，听课者要高度集中注意力，做到认真听、仔细看、勤记录、多思考，不要漫不经心，不要干扰学生学习，不要干扰教师上课，要最大限度地减少听课者对课堂教学的影响，尽量使得课堂教学以真实自然的面貌呈现出来。

（四）要不断地学习教育教学理论，了解教学的课改信息

新课程改革不断深入，新的思想、新的方法、新的经验、新的问题不断涌现。听课者应该不断地关注和学习有关学科的新的理论方法和经验等，了解课程改革的新的政策形势、教学要求等，从而准确地发现教师课堂教学的优缺点，提高听课的针对性和有效性。

掌握先进的教育教学理论是听好课的前提，如当前新课标改革对教师的教学要求有如下转变：由单纯的知识传授向知识探究转变，树立问题意识；由重教师"教"向重学生"学"转变，树立主体意识；由重结果向重过程转变，树立训练意识；由"师道尊严"向"平等融洽"的师生关系转变，树立情感意识。如果听课者不了解这些新的要求，就不可能用新的教学理念去审视课堂教学，就可能出现"听不懂"的现象，甚至有可能产生错误的判断。

（五）要做到听、看、记、思有机结合

听课不仅是复杂的脑力劳动，而且蕴含着一种方法和技能。

首先，听什么？怎样听？主要应听教师是否体现新课标改革的理念、方法和要求；是否重点突出，详略得当；语言是否流畅、表达是否清楚；是否有知识性等错误；是否有创新的地方；教师的思维是否宽泛，学生的发言是否准确。

其次，看什么？怎样看？主要应看教师主导作用的发挥，如教态是否亲切自然，板书是否规范合理，教具运用是否熟练，指导学生的学习是否得法，处理课堂偶发问题是否灵活巧妙；还要看学生主体作用的发挥，如课堂气氛是否或缺，学生是否参与教学过程，全体学生的积极性是否得到调动，学生正确的学习习惯是否养成，学生分析问题和解决问题的能力是否得到培养。

再次，记什么？怎样记？原则上听课记录应包括两个方面，一是教学实录，二是教学评价点。

最后，思考什么？怎样思考？主要思考教师为什么要这样处理教材，换个角度行不行，好不好；对教师成功的地方和不足或出现错误的地方，要思考原因，并预测对学生所产生的相关性影响；如果是自己来上这节课，应该怎样上，进行换位思考；如果"我"是学生，是否掌握和理解了教学内容；新课程改革的理念、方法、要求等应如何体现在日常课堂教学中，并内化为教师自觉的教学行为；这节课是否反映了教师正常的教学水平，如果没有听课者，教师是否也会这样上；等等。

总之，应该根据听课的目的和要求，有所侧重地将听、看、记、思的内容有机、灵活地结合起来，如教师讲和学生发言时，就要以听为主，兼顾观察；教师在板书和学生在演练的时候，就应以看为主，兼顾其他；学生在练习时，就应以思考为主。

（六）要认真做好听课记录

做好听课记录是听课者基本素质的体现，反映了听课者的品德、态度、能力、水平等各个方面的基本素质。

不同的教师、不同的课程所体现的教学思想、所采用的教学方法是不同的，有关听课的要求也是不同的。在实际的课堂教学听课记录中，可能有所不同或有所侧重，但常规的听课记录一般由听课记录本和听课评价表两方面组成。

在做听课记录时要注意听、记分清主次。听课应该以听为主，要把注意力集中在听和思考上。记录要有重点，要详略得当，对内容要有选择，文字要精练。一般要记录教学过程、板书设计、教师的重点提问、学生的典型发言、师生的互动情况、有效的教学方法和手段、教学中的失误等。一般来说，对于教学过程，可以简明扼要地记录讲课中符合教学规律、有创新、有特色的好的做法或存在的问题和不足等；对一些问题的思考或自己的见解可以详细地记录下来，以免遗忘。一段时间之后，对听课记录要进行整理，并进行理性的思考、分析、归纳，总结出一些共性的东西，推广或提倡一些成功的经验和做法，提出一些改进的意见和要求。

学会一点速记技巧，对于记录速度是很有帮助的。有些教师听课时一直在不停地写，一节课下来记录了满满几页纸，虽然过程记录得很详细，但没有思考的时间，听课记录中没有听课人的反思及判断。因此，教师有必要掌握一些素质及技巧。例如，符号速记法。在听课中，笔者喜欢用"T"代表教师，用"S"代表学生，如果同时有多个学生回答问题，则可用 S_1、S_2、S_3、S_4……表示，如果某个学生的发言特别精彩，并想记住这名学生，便于课后关注，则可用如"S_{32}"等符号表示，S_{32} 是指第三小组的第二个学生。在某个教学环节或者某个提问或者某个回答的后面标注 "↑" 或者 "↓"，用以代表听课者对这个内容的认可或者疑义。另外，在听课时带两种颜色的笔用于对不同内容进行记录，则听课笔记显得更加美观，重点更加突出。

（七）要在听课中促进自身的成长

不论听课活动的目的如何，在听课过程中不断促进自身的成长，是所有听课者永恒的追求。为了更好地促进听课者自身能力的提高，笔者建议应在听课中不断思考以下十组关系。

1.教师与学生的关系（基于学习主体）

教师是教学的组织者、引导者和促进者，学生是学习的主体。在听课过程中要思考每一个环节是否体现了学生学习的主体地位。

2.过程与结果的关系（基于知识形成）

数学是一门既重视结果又重视知识形成过程的学科。在听课的过程中要认真观察、反思、评判数学结果是如何形成的。是教师主讲，学生自主学习，小组合作学习，还是探究式学习？

3.思考与记忆的关系（基于能力形成）

很多的数学公式、定律、概念、解题技巧等确实是需要记忆的，但在知识的形成过程中，教师是否给予了学生足够的思考时间，是否给予了足够的提示，以及是否设置了足够合理的由浅入深的问题设计，也是听课者应重点关注、思考的方面。

4.讲授与自学的关系（基于效率落实）

听课者应思考该节课的讲授对于教材中的内容是否进行了科学的整合与分类。有些内容学生通过自学即可明白，但有些内容必须要通过教师的讲解学生才能够理解清楚。学生通过自学就能够掌握的知识，教师一定不要再浪费时间去讲授。例如，在"小数的意义"教学中，小数的读法和写法，学生通过自学即可掌握，但小数的意义则必须通过教师的引导以及切身体验，学生才能够真正理解小数来源于现实生产生活实践。

5.习惯与进度的关系（基于任务完成）

在很多次听课中，笔者会发现一些教师为了完成课堂中的任务追赶进度，而对学生的不良行为习惯和学习习惯熟视无睹。磨刀不误砍柴工，培养学生良好的行为习惯和学习习惯是每一堂课的核心任务，必要时甚至可以放缓进度。

6. 课题与课型的关系（基于方法选择）

对于不同的课题选择不同的课型，所产生的课堂效果是不一样的。计算课、概念课、训练课、复习课、应用题教学、数学广角等，不同的课题不能采用一成不变的教学方式。在教学中要充分考虑课题与课型的吻合度。

7. 目标与做法的关系（基于评价形成）

针对教学目标，在课堂上要关注教师具体采取了哪些做法，设计了哪些环节，过程是否流畅，并判断这些做法是否对于目标的达成最有效。通过目标的达成度去评价做法的科学性和有效性。

8. 现象与策略的关系（基于问题解决）

在课堂中经常会出现一些意想不到的情况。例如，有些学生提出了一些稀奇古怪的问题；有的学生突然在课堂上捣乱；有的学生请假要上洗手间；有的学生在课堂上闹起了矛盾；不管教师怎么引导，就是没有学生举手发言；一个问题教师用多种方式进行了解释，学生还是听不懂；等等。面对这些状况，听课者要关注教师所采取的策略，这是教师教育机智的重要体现。

9. 个性与共性的关系（基于特色成长）

在同一个教学内容中，确定同样的教学目标，确定同样的重难点，选择同样的教具以及教法，甚至选择同样的教学流程以及同样的板书设计都是可以的。但要考虑的一个问题是，不同的教师有不同的性格特点，不同的教师拿着同一份教学设计去上课，在课堂上会有不同的教学反响以及教学效果。因此，在听课过程中要充分考虑个性与共性的问题。特别是对于一些年轻教师，如果一味地模仿某位老教师或者某位名师的做法，有时候可能会适得其反。

10. 亮点与遗憾的关系（基于课堂发展）

没有十全十美的课堂，在课堂中留有遗憾是常态。有时某个遗憾点或许还是这节课最值得品味的一个亮点，不能因为某节课留有遗憾点而全盘否定。在听课的过程中，要积极地寻找课堂亮点以及遗憾点，认真思考亮点形成的原因以及遗憾点的解决办法，以此促进教学课堂逐步趋于完善。

第二节 案例分析下数学评课技能探究

一、评课技能的内涵与内容

（一）评课技能的内涵

所谓评课，是指对课堂教学成败得失及其原因做中肯的分析和评估，并且能够从教育理论的高度对课堂上的教育行为做出正确的解释。具体地说，是指评者对照课堂教学目标，对教师和学生在课堂教学中的活动以及由此所引起的变化进行价值的判断。所谓评课技能，指评者对授课教师的课堂教学行为和结果进行评价时所需的方式、方法、策略、原则等。评课的根本目的在于相互学习、促进反思，从而优化教学目标、教学内容、教学策略、教学过程、作业设计、课堂管理、教师教学技能等。

（二）评课技能的内容

数学评课，主要评价数学教学中教与学的过程及其效果。因此，数学评课的内容包括评教学目标、评教学实施（内容处理、教学策略）、评教师教学技能、评教学效果几方面。①

1.评教学目标

教学目标是教学活动的归宿，因而评价一节课成功与否最关键的因素就是目标的达成度。教师备课时要依据课程标准、数学内容与学生认知制定科学、合理、明确、可测的教学目标。

教学目标陈述的是学生在理想状态下的学习结果，因此，评教学目标时要关注预设与生成的平衡。具体言之，即先看教学目标是否科学、合理、明确、具体，是否可以操作、观察和检测，是否能用清晰、准确的语言进行陈述，是否包含三个维度；后看教学目标是否体现了学习结果的层次性，反映了不同的要求水平；再看教学目标是否关注了中长期目标的落实；最后看教学目标是否发挥了导向作用、激励作用与标准作用，以及教学目标在教学过程中落实的程度。

---

① 本部分的表格内容见附录评课记录表。

2.评教学实施

教学实施包括教学策略的运用与教学内容的处理。教学策略的运用，表现为教学方法的选择与组合、教学媒体的选用。其中教学方法又隐含教法运用、学法指导。因此，评价教学策略主要是评价教法运用——教师主导作用的发挥与教学方式、教学媒体的运用，以及评价学法指导——教师在教学中对学生学习方法的指导情况和学生主体地位的体现情况。对教学策略评价的具体操作细则可分为：①因课制宜，选择有效的教学方法与教学媒体；②恰当处理主导与主体的关系；③面向全体，注重课堂信息反馈与调节。

对教学内容处理的评价，一般从处理教材与安排教学过程两方面进行评价，具体可细分为六个方面：①传授基础知识、基本技能扎实；②传授内容科学、严谨；③重点难点处理得当；④教学过程安排合理；⑤传授知识与培养能力相结合；⑥重视教学思想方法的训练与教学活动经验的积累。

3.评教师教学技能

教师的教学技能，即教师基本功，指教师完成课堂教学任务所需要的基本教学能力，包括教学设计、语言、导入、板书、组织、演示、提问、讲解、强化、变化、结束、指导等技能。

4.评教学效果

评课应重视"以学论教、以学定教"。关注学生的学习成效，即学生群体的参与程度、学生的教学目标达成度。评教学效果先看是否在规定时间内完成教学任务，学生是否在知识技能、数学思考、问题解决、情感态度等方面都得到发展，是否实现了教学目标的要求；再看学生的表现，如课上是否注意力集中，是否积极主动，能否进行自学阅读、探究学习、合作学习，能否获得较高水平的成功，能否归纳出一节课的主要内容，能否独立进行课堂小结并对自己的学习进行自我评价等。

（三）评课技能的导向

评课反馈要实事求是，以鼓励为主。评课前要尽可能地同授课教师进行交流，要抱着虚心、诚恳的态度，热情主动地交谈。对教师的自评和其他听课教师的评价应认真地记录和思考，以便调整自己的评价并提高自己的反思能力。对经验不足的青年教师，不要把存在的问题讲得太多，应有重点地指出存在的突出问题，并以建议的形式提出，要尽可能挖掘他们教学中的闪光点，让他们多一些成功的感觉；对有经验的教师，要实事求是地指出存在的问题和需要改进的地方，提出更新、更高的要求，使他们认识到还有改进的地方和提高的空间，让他们努力向专家型教师的方向发展。评课的最终目的是与教师研讨和交换看法，虽然也需要指出成功和不足或待改进的地方，但交换意见时要抓住重点、多谈优点和经验，明确的问题不含糊，存在的问题不回避，要尽可能以平等商量的语气，以鼓励为主。在通常情况下，一般不做定性的分析和评价。

二、评课技能运用案例

（一）评一位老教师"8加几的进位加法"一课（节选）

1. 教师能根据学生的心理特征展开教学

小学生有好动、好问、好奇、好胜的心理特点，教师在课堂上为学生安排了动手、动脑、动口的时空，留给学生表现自我、合作交流的机会，为学生主动探究知识的形成过程提供了条件。在学生参与学习的活动过程中，教师能发挥期待效应，为学生插上自信的翅膀。

2. 教师在课堂中注重培养学生听、说，以及自主评价的习惯

学生的成功有赖于良好习惯的培养，这一培养过程是师生长期努力而形成的。首先，教师在课堂中培养了学生认真听的习惯。这里所说的"听"不但是学生认真听教师讲，还包括教师引导学生认真听伙伴发言，并请其他同学做出评价。这有利于学生之间相互启发，取长补短。其次，教师在课堂上能培养学生主动说的习惯。通过课堂观察发现，学生在课堂中敢说，敢大声说，并且人人敢说。最后，教师在课堂上注重培养学生自主评价的习惯。学生之间出自内心的评价，往往比教师的评价更易于被接受。一句赞赏的语言，一个暂停的手势，或者同学发言后主动报以热烈的掌声，都是发自学生内心真实的评价，且这些评价并不是简单的异口同声的"你真棒"。在课堂上，学生的自主评价实效性显而易见。

3. 注重课堂的生成点以及在独立思考前提下的交流

学生是学习活动的主体，教师不是知识的传授者，而是学习活动的共同参与者。西方国家将小学数学视为儿童自己的数学，是学生在生活和活动中产生的数学，是学生的"街头数学"。也就是说，数学不仅仅是教室中的活动，它还具有社会性。《义务教育数学课程标准（2011年版）》指出数学教学是数学活动的教学，是师生之间、生生之间交往互动与共同发展的过程。在这节课中，能明确地感受到这一点。在独立思考前提下的交流中有收有放，"你们的方法好，但开始学的时候用老师的方法会更扎实、更牢固"，在这样的过程中，教师和学生都得到了发展。

4.可进一步加强学生研究意识的培养

数学课不能只是单纯的教给学生知识，而应让学生把数学知识当作一种现象、问题去研究。比如，在新课开始，学生在解决"有几棵树"这个问题时，需要计算（感受计算的必要性），又恰好有的同学认为8+6=13，有的认为8+6=14，这个机会是教师可遇不可求的。教师应及时抓住学生争议的问题，让学生利用手中的教具（小棒、方块、计数器等）摆一摆、想一想、说一说。这个过程从内容上看是生活化的，从方法上看是活动化的，从过程上看又是具有研究性的。

5.可进一步关注解决问题的策略意识

解决问题策略多样的同时，要逐步引导学生发现各种策略之间的联系并进行沟通。教师为学生提供了多种学具，学生可以选择适合的学具和方法去研究问题，但它与一题多解有本质的区别。教师在充分张扬学生个性的同时要适时点拨，使学生发现大家都是先用的"凑十法"，然后再用原有的"十加几就是十几"的方法计算出结果。

在上面这个评课案例中，执教人是一位有着多年教学经验的优秀教师。针对他的课，评课角度更多偏向于理论方面，这是促进研究型教师形成的重要手段。

（二）评一位青年教师的"混合运算顺序整理复习"一课（节选）

1.整理复习与新授课既有联系又有区别

整理复习是数学课堂的重要组成部分，在教学中发挥着举足轻重的作用。它帮助教师在教完新知识后，通过整理复习使学生对所学知识有的放矢地进行回顾与整合，加深和巩固学过的知识，提高教与学的效果。整理复习课与新授课的内容是紧密衔接和关联的，但也要分清整理复习课与新授课的区别。整理复习是整理、回顾、查漏补缺和整体串联，不能把整理复习的所有知识当成新知识去讲授。

2.教师在课堂上的语言要尽量体现出对学生的激励性

在课堂上，教师让学生回答30−26+18怎么做，主要是回答运算顺序、计算过程及结果。小何同学举手了，教师点名后是这样说的："你昨天的作业不是特别好，你来说说吧！"当这个学生回答结束后，教师说的话是："那你昨天的作业是怎么回事呢？"

可以简单想象一下，一个学生主动回答问题，肯定是想表现自己，得到教师、同学的认可的，他的心思是集中在回答教师的问题上的。而教师的第一句话却像是一泼冷水，把学生的思维拉到昨天那个尴尬的境地。这对学生以后回答问题的积极性是有很大打击的。这个学生可能会产生这样的心理：我以后回答问题的时候，老师会不会又把我哪个错误拿出来当着全班同学的面说啊！

教师要有一颗细腻的心，随时呵护学生那颗容易受伤的心，让他们更多地享受到教师的关爱和激励。

3. 教师要具有信息收集和分析的敏感性

回到上面教师说的两句话："你昨天的作业不是特别好，你来说说吧！""那你昨天的作业是怎么回事呢？"把这两句话连在一起，就比较明显地得出教师在昨天已经知道了学生在这道题上有错误，但是并没有向学生及时了解错误原因。

整理复习课有一个重要的任务是查漏补缺，学生懂了的知识尽量不讲，学生不明白的地方要重点讲。但基础是教师要对学生的学习情况了如指掌，学生是哪里不懂？是因为什么原因不懂？教师要想办法了解学生的状况。这样上课的时候才能有的放矢，既解决了问题又节约了时间。

另外，错例讲评是数学教学中最重要的一个手段，往往通过错例讲评能使知识理解得到举一反三的效果。

4. 要逐步培养学生说理的意识和能力

数学是一门讲究推理和分析的学科，也是一门语言要求精练的学科。学生的数学逻辑能力与数学语言能力需要教师在日常课堂中逐步培养才能形成。

在本节课中，教师让不同的学生连线进行了问题的回答。虽然很多学生都回答正确了，但说法多样，没有一个基本的说理框架，语言既不连贯也不简洁。希望看到教师对学生进行说理能力的训练。

在本节课中，可以根据观察—发现—判断—结论的步骤培养学生的说理意识和能力。比如，$4 \times 9 \div 6$，可以这样说：四乘九除以六里面有乘法和除法，乘法和除法的级别相同，要按从左到右的顺序计算，因此先算乘法再算除法。

刚开始时，学生是不能完全按照教师的语言去进行叙述的，但教师可以多讲几遍、多做几道题。到后面，相信学生是完全可以掌握这种数学语言的。

5. 教师在课堂上要有培养学生创造力的意识

教学中有一道应用题：有 3 筐苹果，每筐有 8 个，小明拿走了 10 个，还剩下多少个？例题配图如图 9-1 所示。

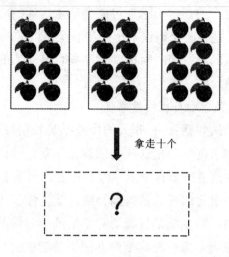

拿走十个

?

图9-1 例题配图

按照基本思路，求剩下多少个用减法计算。那么这道题应该是先求出总数量，然后减去拿走的个数，就得到剩下的个数，列式是：8×3-10。

但这道题从实际生产生活的角度出发，思维到这里还没有结束。教师应该利用好这道题进一步启发学生的思考，培养他们的创新能力。在本题中，教师完全可以多问一句："这道题你们还有自己的解法吗？"

这道题有一个比较贴切生活实际的解题思路就是小明可以先拿走一筐，一筐只有 8 个不够 10 个，那么就可以从另一筐中再拿出 2 个。

上例的评课稿，只节选出了需要共同探讨的部分。一位青年教师要想成为一名优秀的教师，必须要更多地从细节中去反思、揣摩、提升，让课堂变得更有活力，让师生关系变得更为融洽，让课堂流程变得更为顺畅。只有这样，学生的学习习惯和思维能力才能得到有效提升。此次评课，也正是朝着这个方向去实施的。

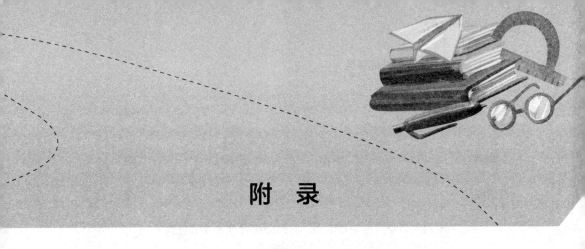

附　录

小学数学评课表

执教 教师		教学 内容		执教 日期		执教 年级		
评价项目	评价要点					分值	得分	小计
教学 目标 确定	符合课程标准的要求，符合认知规律和班级学生实际情况					4		
	教学设计关注学生情感态度、知识技能、过程方法					4		
教学 内容 组织	准确把握教材的内容结构；体现教学内容的科学性、准确性和逻辑性					5		
	注重数学知识的内在联系，内容呈现方式有利于学生学习					5		
	教学容量合理，准确无误地挖掘教材内涵，实现情感与态度、知识与技能、过程与方法的同步提高					5		
	以教材为基本线索，合理利用生活数学资源，做好教学内容适当延伸					5		

案例分析下数学教学技能探究

续　表

执教教师		教学内容		执教日期		执教年级		
评价项目	评价要点					分值	得分	小计
教学实施	课堂教学程序安排恰当，时间分配合理，环节过渡自然，学生自主学习得到充分体现					5		
	创设合理适时的情境，学生有浓厚的学习兴趣，积极主动地投入到学习活动中去					5		
	有一定的自主学习的时间和空间，学生能在不断的交流与合作中经历数学知识形成的过程，不断地对数学知识进行体验和探究					5		
	关注每个学生的发展，分层教学、分类指导，注重学生对问题的不同理解					5		
	结合课题研究，注重教法的研究和学法的指导，注重学生数学能力和数学素养的培养					5		
	科学安排课堂练习，练习内容要有针对性、层次性和挑战性，练习的形式适度发散，具有开放性					5		
	教师积极评价学生的学习过程，激发学生的主体意识，使学生获得成功体验，有利于促进学生的发展					5		
	综合使用学具、教具、现代教育技术等各种教学媒体，实效性强，做到媒体与学科教学内容的有机整合					5		
学生状态	学生思维活跃，学得轻松愉快，全体学生得到较好发展					6		
	善于思考，勇于提出问题，有独到见解和感受					6		
	学生对知识技能的掌握符合课标的要求，学习成效好					6		

执教教师		教学内容		执教日期		执教年级		
评价项目	评价要点					分值	得分	小计
教师素养	仪表端庄，充满激情，举止得当					2		
	态度和蔼，师生平等相处，尊重、爱护每一个学生					2		
	教学方法和手段使用恰当，突出引导性和启发性；实验操作规范，媒体使用熟练					3		
	教学基本功扎实，语言规范准确，生动形象，逻辑严谨，板书布局合理，重点突出；课堂应变、调控能力强					3		
个性与特色	教学在某些方面有突出的特色（如灵活的教学机制、教师的感召力、练习设计、教学方法手段的运用艺术等）					4		
总计	不合格（59分以下）		合格（60—79分）		良好（80—89分）		优秀（90分以上）	
整体评价	听课者签名：							

参考文献

[1] 周鹤新. 小学数学教学技能训练 [M]. 沈阳：辽宁大学出版社，2020.

[2] 王光明，冯虹，康玥媛. 新理念数学教学技能训练 [M]. 北京：北京大学出版社，2014.

[3] 郭英，张雳. 教学技能训练教程 [M]. 北京：科学出版社，2012.

[4] 金秀梅，吴翠霞. 教师教学技能 [M]. 北京：北京出版社，2019.

[5] 黄天勇. 教学技能指导与案例借鉴 [M]. 北京：世界图书出版公司，2019.

[6] 魏宏聚，杨润勇. 中小学教师教学技能研训 [M]. 北京：教育科学出版社，2019.

[7] 曹新. 数学教学技能学习教程 [M]. 北京：科学出版社，2018.

[8] 张磊. 数学教学技能导论 [M]. 广州：暨南大学出版社，2015.

[9] 张磊，张君敏. 数学教学技能与案例设计研究 [M]. 广州：暨南大学出版社，2014.

[10] 崔允漷，沈毅，吴江林，等. 课堂观察 II：走向专业的听评课 [M]. 上海：华东师范大学出版社，2013.

[11] 迟毓凯. 学生管理的心理学智慧 [M]. 上海：华东师范大学出版社，2012.

[12] 王晓军. 数学课堂教学技能与微格训练 [M]. 杭州：浙江大学出版社，2011.

[13] 余文森. 小学数学：名师魅力课堂激趣艺术 [M]. 重庆：西南师范大学出版社，2010.

[14] 叶雪梅. 数学微格教学 [M]. 厦门：厦门大学出版社，2008.

[15] 何小亚，姚静. 中学数学教学设计 [M]. 北京：科学出版社，2008.

[16] 肖川. 名师备课经验 [M]. 北京：教育科学出版社，2006.

[17] 刘朝晖. 数学教育的理论·问题·策略 [M]. 广州：广东高等教育出版社，2005.

[18] 周勇，赵宪宇. 新课程说课、听课与评课 [M]. 北京：教育科学出版社，2004.

[19] 斯苗儿. 小学数学课堂教学案例透视 [M]. 北京：人民教育出版社，2003.

[20] 义务教育数学课程标准研制组. 走进课堂——小学数学新课程案例与评析 [M]. 北京：高等教育出版社，2003.

[21] 课程教材研究所，数学课程教材研究开发中心 . 数学文化 [M]. 北京：人民教育
出版社，2003.

[22] 韦志成 . 教学语言论 [M]. 南宁：广西教育出版社，2001.

[23] 邱学华 . 小学数学尝试教学设计 [M]. 北京：教育科学出版社，1999.

[24] 数学课程标准研制组 . 数学课程标准解读 [M]. 北京：北京师范大学出版社，
2002.

[25] [美] 奥苏贝尔 . 教育心理学：认知观点 [M]. 余星南，宋钧，译 . 北京：人民
教育出版社，1994.

[26] [美] 杜威 . 思维与教学 [M]. 孟宪承，俞庆堂，译 . 北京：商务印书馆，
1936.

[27] 陈德治 . 初中数学课堂教学有效性的提高策略 [J]. 课程教育研究，2019（37）.

[28] 尹莉 . 描龙绘凤，难在点睛——试析小学数学课堂结尾的缺失及巧妙结课的新
境界 [J]. 教育观察，2016（4）.

[29] 林野 . 精心组织提高数学活动实效 [J]. 现代阅读（教育版），2012（1）.

[30] 顾沛 . 数学基础教育中的"双基"如何发展为"四基" [J]. 数学教育学报，
2012（1）.

[31] 屠桂芳，孙四周 . 什么样的活动是"数学活动" [J]. 数学教育学报，2012（5）.

[32] 徐翠敏 . 浅谈教师批评语的艺术 [J]. 新课程学习（社会综合），2011（4）.

[33] 张森林 . 课堂导入教学艺术探讨 [J]. 发展，2010（11）.

[34] 仲秀英 . 数学活动的内涵与特征及其对教学的启示 [J]. 数学教育学报，2009（4）.

[35] 肖盈盈 . 小学数学教师课堂控制方式的研究 [D]. 南昌：江西师范大学，2019.

[36] 何雪霜 . 小学"做数学"活动的教学策略研究 [D]. 重庆：重庆师范大学，2019.

[37] 穆新荣 . 基于数学思想的初中数学概念教学策略研究 [D]. 延吉：延边大学，
2019.

[38] 朱逢博 . 小学数学情境教学的运用研究 [D]. 武汉：华中师范大学，2019.

[39] 潘争 . 小学低段数学教学中情感目标达成的现状及对策研究 [D]. 开封：河南大
学，2019.

[40] 陈阳 . 小学低年级数学新课导入现状研究——以 Q 小学为例 [D]. 曲阜：曲阜师
范大学，2019.

[41] 段蕾 . 小学低年级数学课堂导入存在的问题及对策研究 [D]. 延吉：延边大学，
2018.

[42] 宗梦雨. 小学数学教师课堂教学语言的问题与对策研究 [D]. 上海：上海师范大学，2018.

[43] 毛雯澄. 小学高段数学课堂教学语言教学策略研究 [D]. 杭州：杭州师范大学，2018.

[44] 朱晓云. 初中数学课堂教学目标设计的现状及对策研究 [D]. 烟台：鲁东大学，2018.

[45] 柳春兰. 小学数学微课实施的现状及对策研究 [D]. 烟台：鲁东大学，2017.

[46] 孙晓慧. 小学数学板书设计现状调查及对策研究 [D]. 沈阳：沈阳师范大学，2017.

[47] 魏志英. 多媒体环境下数学教师讲解行为的研究 [D]. 重庆：重庆师范大学，2012.

[48] 姜冬艳. 当前高中数学教学组织形式的研究 [D]. 长春：东北师范大学，2006.

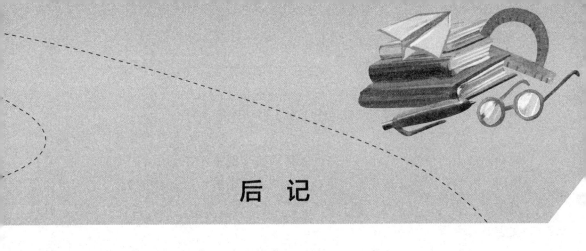

后 记

润物无声，人间有情。岁月无痕，成长有迹。

回首自己的教育历程，从照搬模仿起步，到跌跌撞撞前行，至今已历时 20 多年。伴随着一批又一批学生的成长，自己似乎也学会了一些有规律的思考，积累了一些资源整合的经验，形成了一些有个性创意的策略。

一直以来深信问题即教育。不管是学生还是自己，都感觉是在不断地解决问题中得到锻炼、取得经验、获得成长。零零散散的那些问题成为成长中不可或缺的碎片，而今把这些碎片集中起来，应该归于对"流水"的另类解读。

流水账，以回忆的名义。工作了 20 多年，难免会有一些这样或那样的想法，只是时间一长，很多都烟消云散了，很难留下一些印记。找个机会，把曾经的那些想法一股脑儿地放在一起，形成可视的符号，虽然杂乱无章，却可以作为回忆的载体，如同照片。

流水线，以成长的名义。教学有备、教、批、改、辅、考，上课有复习、导入、新授、练习、小结、提升，学生自我发展有自定向、自运作、自调节、自激励，这些跟工厂的流水线倒有几分相似。正因为有了这些流水线，才使得自己能够在教育程序的指引下逐渐成长。

流水不腐，以自勉的名义。思想固化则无法进步，应当如同流水般处于运动之中才可以多姿多彩。跃动灵动的思想是整合、吸收与创造的基础。只要思考不停止，则策略生成总会有惊喜。

流水年华，以珍惜的名义。日夜有交替，岁月无轮回，转眼又是流水十年，总要给自己留点余味，以示自己存在的意义或价值，珍惜如流水般一去不返的时间。

行云流水，以追求的名义。对于数学自我感觉搭配组合学得不错，但对于两三千常用汉字的有效组合却生疏得很。总期盼能有一天写出行云流水般的文章，哪怕一两句都好。如著名诗人海子所写："今夜我不关心人类，我只想你！"这其中的每一个字如此普通，却被他组合出了万千深情。

铁打的营盘流水的兵，以效率的名义。每一所学校的管理者或许都有因教师变动而带来的烦恼，每当一批新的教师加盟又得重新开展方方面面的培训，甚是焦虑。有没有办法让新成员尽快融入新学校的生活并理解学校理念，然后尽快规范做事？或许，有了这"铁打的营盘"就会省事很多。这"铁打的营盘"就是文字。

流水无情，以自知的名义。因水平有限，全文笨拙，无法让自己满意，更不敢奢求他人悦纳。正所谓落花有意，流水无情。或许唯一可以庆幸的是自己曾经努力过！勇者无惧！

借以此文，感谢这么多年来一直关心、帮助和指导过笔者的所有前辈、同仁及朋友！谢谢！

吴大海

2020 年 4 月 17 日